U0128011

江西通史

——明代卷第一冊

總序

鍾起煌

　　世界上的很多事情都是由機緣而起因執著而成，包括我們這部《江西通史》。

　　說由機緣而起，是因為這件事情的發生幾乎純屬偶然。二〇〇二年夏天，我和彭適凡、孫家驊同志談到江西悠久的歷史、談到江西輝煌的文化，因而產生了組織專家編撰《江西通史》的設想，彭、孫二位當即認為此舉當行而且可行。

　　說因執著而成，是因為一旦有這個想法，而且認為這是一件研究江西歷史、弘揚江西文化的重要工程，就決心去做。為此，我徵詢了周鑾書同志的意見，並邀請邵鴻和方志遠同志共商此事，得到他們的熱烈響應。二〇〇二年十月十八日，在江西省文物局和江西師大歷史文化與旅遊學院共同舉辦的全省文博教育成果展示與經驗交流會上，我向大會通報了編撰《江西通史》的意見，引起全體代表的熱烈反響，大家用長時間的熱烈掌聲表示支持，認為這是貫徹「三個代表」重要思想、全面挖掘和整理江西傳統文化、推進江西經濟文化建設的一大盛事。有了這個共識，十二月十三日，準備工作進入實質性階段。在我的主持下，召開了有關專家和編輯人員的聯席會議，對編撰《江西通史》的指導

思想、作者人選、工作日程、成果形式等具體問題展開了比較細緻的討論。二〇〇三年二月十五日，召開了第一次編撰工作會，《江西通史》的編撰工作就此正式啟動。

雖然說是機緣和偶然，但新的《江西通史》的編撰，實具備諸多因素和條件。

一、江西在中國歷史上具有重要的地位。根據最新的考古發現，在江西這塊土地上，人類的活動至少已有二十萬年歷史，它是中華民族發展史和古代文明發展史的重要組成部分；唐末五代以來，隨著全國經濟重心的南移，江西遂為全國經濟文化最為發達的省份之一，其物產之富、人才之眾，舉世矚目；進入二十世紀，江西又因為中央蘇區的建立而成為全國蘇維埃運動的中心。很難想像，在十分漫長的時段裡，沒有江西的中國歷史將會是什麼樣子。

二、文獻與實物資料豐富。江西既有「物華天寶、人傑地靈」之譽（唐王勃語），又素稱「文章節義」之邦（宋司馬光語）和「人文之藪」（清乾隆帝語），存世官修私撰文獻極為豐富。近年來一系列的考古發現，既可彌補文字記載之不足，更可與文

獻資料相互印證，為編撰《江西通史》提供了可供參考的實證材料和科學依據。

三、前期成果豐碩、學術隊伍整齊。老一輩的歷史學家仍然健在，他們不但學術積累深厚，而且對研究江西歷史有著強烈的責任心；中青年學者正趨成熟，他們繼承了前輩學者的嚴謹學風，又吸收了新的研究方法和研究技術，思維敏捷，勇於創新。在他們的共同努力下，這些年來已有大批高質量的有關江西歷史的學術成果問世，這些成果涉及江西歷史的方方面面，為編撰《江西通史》奠定了堅實的學術基礎。

四、政治環境寬鬆、經濟形勢發展。盛世修志是中國的傳統。改革開放以來，政通人和，國泰民安，江西經濟和全國一樣，有較快速度的發展。這為編撰《江西通史》提供了自由的學術氣氛和比較充裕的財力保證。近年來，江西的學術事業和出版事業取得了有目共睹的成就，連續獲得中宣部「五個一」工程獎和國家圖書獎、中國圖書獎，給江西文化藝術界和學術界以振奮，也引起了各兄弟省市的關注。這些成就的取得，為我們組織大規模著作的編撰工作提供了經驗。而周邊各省如湖北、湖南、浙江以及其他省市新編通史的紛紛問世，對《江西通史》的編撰是有力的推動，也提供了有益的借鑑。

五、從我個人來說，當時也恰恰能分出一些精力和時間來抓這件事情。於是儘力協調各方面的關係，為作者們、編者們排除各種障礙，以保證這項重大工程的圓滿完成。

四年來，《江西通史》的編撰工作得到了各方面的關心和支持。黃智權、吳新雄省長親自過問此事並指示有關部門給予支

持，省政協將其作為一件大的文化事業進行推動，省社聯將其列為重大科研項目，江西師大、南昌大學、省社科院、省文物局、省博物館和省考古所等有關單位也對參與編撰的專家們給予各種便利，出版部門派出了強大的編輯班子並準備了足夠的啟動和出版資金。特別要指出的是，各位作者在繁忙的教學和科研工作中，能夠將《江西通史》的寫作列入重要的工作計劃並全身心地投入。我在第一次全體編撰會議上指出，《江西通史》的編撰是一項挖掘和弘揚江西歷史文化傳統的千秋事業，希望作者和編者將其視為自己學術生涯中的事業。事實證明，作者和編者們後來都是這樣要求自己的。正是因為有了各方面的支持和全體編撰人員的共同努力，十一卷的《江西通史》才能順利地完成書稿並得到如期出版。

明代中期，隨著區域經濟文化的發展，修撰地方誌成為一大文化現象。各省、各府乃至各縣的省志、府志、縣誌大量湧現。此後遂為傳統。盛世修志也不僅僅限於修前朝歷史，更大量、更具有普遍意義的乃是修當地地方史。具有全局意義的江西省志也正是在這個時候產生的。自明中期以來，江西整體史著作已編撰過多部，其中著名的有：林庭㭿《江西通志》（37 卷，明嘉靖四年），王宗沐《江西省大志》（8 卷，嘉靖三十五年；萬曆二十五年陸萬垓增修），于成龍、杜果《江西通志》（54 卷，清康熙二十二年），白潢、查慎行《西江志》（206 卷，康熙五十九年），高其倬、謝旻《江西通志》（163 卷，雍正十年），劉坤一、劉繹、趙之謙《江西通志》（180 卷，光緒七年），吳宗慈、辛際周、周性初《江西通志稿》（9 編，民國三十八年）。二十世紀

末，又有許懷林的《江西史稿》（1994 年，江西高校出版社），陳文華、陳榮華主編的《江西通史》（1999 年，江西人民出版社）問世。這些著作在保留江西歷史遺存、挖掘江西歷史文化方面作出了重要的貢獻。如何在充分吸取前人成果的基礎上有所發展、有所創新，是對新編《江西通史》的考驗。

為了使新的《江西通史》更具有時代特色和歷史價值，更具有劃時代的意義，我們對這部著作提出了以下的要求。

一、中國歷史是一個整體，我們在研究任何地方歷史的時候，都不能脫離這個整體。因此，正確認識各個歷史時期江西在全國政治經濟格局中的地位就顯得尤其重要，必須充分關注江西與中央、與周邊地區的關係，不溢美、不自卑，不關起門來論江西，將《江西通史》寫成一部與中華民族的整體有著血肉連繫的江西歷史。

二、《江西通史》是系統記述和研究江西歷史的大型學術著作，由眾多學者共同參與完成。一方面，各卷是作者的個人成果，是作者最新研究成果的結晶，可以也應該有自己的風格和特色，所以希望作者精益求精，使其成為各自領域的學術精品。另一方面，甚至更為重要的是，它又必須是一個整體，是一部「通史」，所以全書十一卷必須有統一的體例和統一的要求，在文風上一定要力求簡潔、明快。各卷作者務必服從整體、服從大局，使自己的作品成為整個《江西通史》的有機組成部分。

三、《江西通史》必須是一部真實、動態、有可讀性的信史。所謂真實，是指史料翔實、言必有據。此「據」是經過考證後認為合理的，否則，「盡信書則不如無書」（孟子語）。這就需

要每個作者既儘可能地系統爬梳和挖掘史料，又謹慎辨析和使用史料。所謂動態，是指用發展的眼光看問題，既將問題放在特定的歷史背景之下，又特別關注它的演進過程，因為即使是同一件事物，其狀態和作用也是隨著時間的推移和社會的變遷而變化的。這就需要每個作者以歷史唯物主義和辯證唯物主義的觀點和方法去闡釋歷史、去探討歷史演進的規律。所謂有可讀性，是指應該用流暢的文字、敘述的方法寫作，展示的是作者的觀點和結論，而不是考辨的過程，它的體例是史書而不是論文。無圖不成書。圖文並茂是中國出版物的優良傳統和重要特點，《江西通史》應該在儘可能的情況下，收集能夠說明江西歷史各階段各方面狀況的歷史圖片，以加強其歷史感和可信度，同時也使其更具有可讀性。

四、以人為本，以民為本，以基層社會為本。所謂以人為本，指的是要寫成人的歷史，以人的活動為描述對象，即使是制度、習俗，也應儘可能地有人的活動。所謂以民為本，指的是儘可能地站在大眾的立場上來敘述歷史、看待歷史，更多地敘述大眾的活動。所謂以基層為本，是因為地方史本身就是基層乃至底層的歷史，要儘可能地揭示基層組織和底層社會的活動狀況。在此基礎上，充分重視統治者和社會菁英對社會的主導作用，重視自然環境、人文環境，特別是包括傳統價值觀念和現實政治制度等在內的上層建築對個人、對大眾、對底層的影響和制約作用，寫成一部上層建築與經濟基礎互動、國家權力與基層社會互動、社會菁英與人民大眾互動的歷史。

十一卷本《江西通史》即將付梓，我們希望它的出版能夠成

為江西歷史研究的新的里程碑、能夠成為江西文化史上的一大盛事。當然，能否達到這個目標，還要由讀者和歷史來檢驗。

引言

一

　　人們總是喜歡將「明清」放在一起進行討論。而說到明清，總免不了要說兩件事情，一是中國封建社會晚期的資本主義萌芽，二是明清專制主義中央集權的強化。這兩件事情其實也是前輩學者在特定歷史條件下研究明清史所得出的基本結論，傾注了許多學者的畢生精力和心血。

　　但是，隨著時間的推移，隨著研究的深入，特別是當站在更為客觀的立場上重新考察明清歷史時，上述結論的某些片面性也就凸現出來。暫且不說如果不是鴉片戰爭、如果不是世界資本主義的猛烈撞擊、如果不是中國融入世界歷史發展的大潮之中，明清時期能不能成為中國封建社會的「晚期」，我們通常所說的「機戶出資，機工出力」等現象能不能視為引導中國進入資本主義社會的「萌芽」，即便是明清時期的君主專制、中央集權，也未必就像人們所描繪的那樣冰冷灰暗。從社會發展的規律來看，矛盾是絕對的，統一則是相對的。同樣，專制、集權是相對的，自由、開放卻是絕對的。所以，儘管明清政府在大多數時間實施海禁，但私人海上貿易卻從未間斷；儘管明清政府實施食鹽管

制，但私鹽也從未真正得到有效禁止。同樣，儘管明清政府（其實不僅僅是明清政府）總是企圖將社會納入統治者規劃好的藍圖，但社會的發展卻極少按照統治者安排好的軌道行進；儘管明太祖和清世宗都想建立起按個人意志辦事的國家體制，但他們的個人意志最終仍得適應變化萬千的社會生活。

近年來，明清史特別是清史成為全社會關注的熱點，而充斥屏幕的清宮戲（近期明宮戲也有方興未艾之勢），更將大眾的視野拖入歷史。如何認識明朝和清朝在中國歷史上的地位，應該是每個明史研究工作者和清史研究工作者的責任和義務。根據我的理解，明代、清代其實和漢代、唐代和宋元乃至南北朝時期、宋遼金時期一樣，都是中華民族發展過程中的一個歷史階段，都在中華民族發展史上具有重要的地位。作為明史研究者，我從來不認為明代比清代或漢、唐、宋、元更為重要，也對一些斷代史研究者對於自己的研究對象的無限拔高覺得「甚無謂也」。中國歷史發展有自身的特點和規律，各個歷史階段和各個朝代又都有自身的特點和個性，這才是歷史研究者所應該予以充分關注的。對於明代和清代的歷史個性和相互關係，我認為至少可以從三個方面來考慮。

一、就政治態勢而言，清朝通過對周邊用兵並輔之以宗教和民族政策，建立起中國有史以來疆域最為遼闊的國家。有國外學者將清朝的疆域說成一個等邊三角形：東北至庫頁島東北角，西北至巴爾喀什湖西北角，南到馬來半島的南端，總面積近二千萬平方千米，比明朝要風光得多。而康雍乾持續一個半世紀的「盛世」，也是中國有史以來所沒有過的。對此進行研究和宣傳，無

疑可以提高民族的自信心和凝聚力。何況清朝還有一批勤政的皇帝。反觀明朝，雖然太祖、太宗（成祖）有不少善績可陳，但洪武、永樂間的嚴刑峻法、草菅人命卻令史臣在進行掩飾時左右為難。其後繼者，或者善千作秀而並無多少雄才大略（如宜宗），或者視皇位為兒戲故從不千正經事（如武宗、熹宗），或者既不知己也不知彼而夢想做「英主」（如英宗、思宗），或者上朝聽政如木偶爾丁國家大事一竅不通（如憲宗、穆宗），或者乾脆不視朝不見大臣卻自以為「乾綱獨攬」（如世宗、神宗）。伺候這樣的皇帝，明朝的大臣們只得在無奈之中津津樂道「垂拱而治」。宦官參政專權，雖然不像唐朝那樣可以廢立皇帝，但至少可以進退大臣。大學士和言官們的大量時間及精力耗在了勸導和阻止皇帝及宦官們對國家事務的「破壞」，但皇帝和宦官卻認為幹壞事的不僅僅是他們。被認為糊塗透頂的武宗卻說出了十分清醒的話：文官中好人僅有三四，壞人卻占了六七。

二、就經濟社會而言，明朝由於土地兼併和前期政策的僵化產生大量的流民，這些流民或者進入山區，為開發山區作出了重要貢獻，但時時和土著及官府發生矛盾，並釀成多起規模不小的農民起義；或者進入城市，成為城市的繁榮和發展的重要因素，但他們又是城市中的「無根之徒」、動亂之源。徽商、晉商、江右商、閩粵商、兩湖商，蘇州、揚州、杭州、松江、臨清，毋須歷史學家的敘述，即從《三言》、《二拍》中也可以體會到明代城市生活的富麗多彩。且不說蘇松杭嘉湖地區星羅棋布的繁榮市鎮，即使是江西的景德鎮、樟樹鎮，湖廣的湘潭，廣西的梧州，也是商賈成雲、貨積成山。但就傳統眼光看，這種活躍和繁榮卻

不免受到指責，被認為是社會不穩定的根源。清朝矯枉過正地吸取了明朝的經驗教訓，在相當長的時間裡建立起了比較穩定的小農社會，人口流動多往邊境，既開發了邊疆，又至少在乾隆退位之前沒有引起太大的社會動盪。社會穩定，社會財富自然積累，北京、蘇州、漢口、佛山成了天下貨物的「四大聚」。

三、就思想文化而言，儘管明太祖「以重典治天下」、明成祖以「瓜蔓抄」誅殺方孝孺十族，還有王振、魏忠賢當道時的恐怖，但明朝在總體上卻是自由奔放的；儘管清康熙帝號稱開明、乾隆帝堪稱風流，也有于成龍等人的錚錚鐵骨，但清朝總體上是嚴峻冷酷的。明代中期以後，是思想家和文學家的思想引導社會思潮，是商人的消費方式影響價值觀念。陽明學派、泰州學派；前後七子、江南四子；台閣派、公安派、竟陵派；傳奉官、馬尾裙；民歌、時調、小唱，形形色色的思想家、文化人；富商、巧匠、名妓；名儒吳與弼、陳獻章、王守仁；異端王良、顏鈞、何心隱；山人徐渭、陳繼儒、樂新爐；「洋僧」利瑪竇、湯若望、南懷仁；基督教徒徐光啟、李之藻、楊廷筠；洋人的書、洋人的炮、洋人教師；光怪陸離，目不暇接。自由之風、西方之學，猶如潤物之和風細雨，細緻入微。清代則是統治者的思想領導社會潮流直至晚清，肅殺之氣尚存，致龔自珍有「避席畏聞文字獄，著書全為稻粱謀」之嘆。即以文字獄論，明朝的文字獄大多為胡亂殺人，清朝的文字獄則為蓄意殺人，其後果遂全然兩樣。明朝的士大夫越是被朝廷懲罰，便越是得到輿論的讚揚，於是更加意氣風發；除了文字獄和貪贓枉法，清朝的士大夫倒是少受懲罰，但不是最高統治者的仁慈，而是士大夫的「死相」。中國知識分

子的脊梁，其實是在清朝被折斷的。在洋務運動發生之前，他們的聰明才智皆用於「樸學」即考據之學，雖然遠離了社會遠離了民眾、聽不到他們關注社會關注民眾的呼聲，但對於整理中國故籍，卻多有貢獻。至於洋人，倒是在康熙時做了一陣子花瓶，而雍正帝則將他們統統趕到澳門，省去了許多麻煩。但當洋人攜帶著堅船利炮捲土重來之時，卻瞠目不知所措。

這其實又是明代和清代社會的三大差異或者說各自的三大特點，至少是本書作者對明清兩代時代精神和人文面貌的認識。但心態的矛盾也因此而生，從維護社會穩定來說，清代有借鑑意義；但從倡導自由開放和社會發展來說，似乎明代更具有胸襟氣度。

二

江西人應該對王勃有感恩之情。儘管王勃在初唐時說江西「物華天寶、人傑地靈」是外地人對好客主人的客套，卻成了江西在唐末五代以後經濟文化發展繁榮的預言。而這一預言之變為現實，則是與全國經濟文化重心的南移同步的。它既是全國經濟文化中心南移的結果，又是其重要內容。其間具有重大影響的因素主要有兩個方面。

一是政治中心的東移和運河的開通，使鄱陽湖及贛江成為南北物質交流的重要通道。

大運河開鑿之前，中國南北水路交通的最長航道為漢水——長江——湘江、沅江，漢水——長江——贛江。靈渠的開鑿以及秦嶺和大庾嶺山路的開通，使這兩條航道在陸路的連接下向北延

伸到了黃河水系的渭水和珠江水系的西江、北江，並進而溝通了黃河、長江、珠江三大水系。自秦漢到隋唐，由於政治中心一直在關中，所以從西北政治區到東南經濟區的水路溝通主要是由漢水和長江完成的；而與以廣州為起點的海上絲綢之路對接的內河交通，則是漢水──長江──湘江──西江──珠江。

　　兩漢時期，關中地區的財力已表現出難以支持全國政治中心的無奈。從隋文帝帶領政府官員和關中百姓「就食」洛陽，到隋煬帝營建東都、開鑿運河，實質上反映了西部政治中心從被動到主動向東部經濟重心靠攏的趨勢。從五代到北宋，完成了中國政治中心的東移過程；元、明、清的定都北京，更鞏固了中國政治中心東移的格局。雖然比起開封，北京距離東南經濟發達區更為遙遠，但運河的全線開通，卻將這一空間距離大大縮短。政治中心東移及大運河開通之後，漢水──長江──湘江──西江──珠江這一南北交通要道失去了往昔的地位；而運河──長江──贛江──北江──珠江則成為國內最為重要的南北通道。這條通道全長二千多米，貫穿今北京、天津、河北、山東、江蘇、安徽、江西、廣東八省市，在江西境內幾占三分之一。

　　二是中原地區的戰亂導致大量北方人口的南移，江西則因遠離戰亂又相對靠近政治中心而成為北方人口的避難所。

　　江西經濟文化的發展，與中原地區發生的三次大的長時期戰亂關係密切。

　　第一次是兩晉之際「永嘉之變」後發生的在中國歷史上稱為「五胡亂華」的事件，這一事件的結果是北方的長期戰亂和中國境內南北政權的對峙；第二次是唐天寶年間開始發生的安史之

亂，這一事件的結果是北方陷入長時間的動盪和藩鎮割據、五代凌替；第三次是兩宋之際的宋金戰爭，這一事件的結果是宋室的南渡和宋金之間的持續戰爭及對峙。三次戰亂都導致了北方居民的大規模舉族南遷。北方居民遷徙的落腳點，總是在那些既遠離戰場又便遷返回中原的地區。於是，當戰亂發生在黃河流域時，移民便主要遷移至江淮之間，九江及贛北地區開始接納移民；當戰亂延伸到淮河一線，移民便遷移至長江以南，南昌、鄱陽、宜春及贛中也有了大量的移民；當戰亂蔓延到長江兩岸，移民便被迫繼續南移，吉安、撫州乃至贛州也就有大批移民遷入。

北方移民洪水般的湧入，既為江西的開髮帶來了大批勞動人手，更將相對發達的中原文化及宗族制度帶到了江西，並促成了中古以來江西家族的發達和「耕讀治家」生產生活方式的形成。這種生產生活方式與江西的自然生態環境相結合，使得江西人進可入仕取得功名、退可家居溫飽無憂。孟子所說的「兼濟天下」和「獨善其身」，江西人為其提供了大量的實證。宋元明時期江西經濟文化的全面發展，正是建立在這一基礎之上的。

明代江西的發展，既是宋元時期江西發展的繼續，也是因為這時出現了有利於江西經濟文化發展的形勢或機遇。而這種形勢或機遇在一定程度上又是可遇而不可求的：其一是元末戰亂與明朝的統一，其二是明政府推行的禁海政策。

從元順帝至正十一年（1351 年）紅巾起義開始，中原及其邊緣地區即今河南、河北、山東、山西、湖北、安徽、陝西及江蘇北部陷入了曠日持久的戰亂之中，社會經濟遭受巨大的破壞，人口銳減、土地荒蕪。相比之下，東南地區的戰事則較為緩和。

明太祖以南京為基地，經營江南，江西是第一個設立行省的地區。雖然也經過鄱陽湖大戰，但為時甚短，且是一戰而定，全省幾乎傳檄而下，沒有發生反覆的大規模拉距戰，故此戰禍較少。此後明軍進兵湖廣、兩廣、雲貴，都以江西為基地。北伐中原的主力雖從南京出發，軍需給養卻有相當多依賴於江西。而且，北伐偏師也是從江西、湖廣進軍河南、陝西、四川的。於是奇蹟出現了：隨著明軍的推進，開始了江西有史以來最大規模的向外移民運動。浩浩蕩蕩的江右商大潮也在這個時期形成並迅速流向全國各地，占領了廣闊的市場。而江西商人經營的商品，又多是人們日常生活的必需品如糧食、布匹、木材、紙張、瓷器等，適合經受戰爭劫難地區的需要。這一情況的發生，既使江西的經濟文化影響擴散於全國各地，而對於江西境內商品經濟的發展也具有重要的推動作用。

與此同時，由於倭寇的騷擾、葡萄牙等西方國家商入的東來，以及統治者希望建立一個穩固不變的社會政治秩序和經濟結構，因而明政府實行了長時期的海禁。接待外國使者及管理朝貢貿易的市舶司也由元朝的七個減為寧波、泉州、廣州三個。而且規定，寧波市舶司只許接待日本使者，泉州市舶司只能接待琉球（今日本沖繩）使者，同時限定了進貢的週期和貢船、貢使及隨行人員的數量。只有廣州市舶司被允許接待東南亞及印度洋（以及此後的歐洲）地區的貢使和商人。從官方貿易而言，實際上是廣州一口通商。這一政策後來為清朝統治者所繼承。這樣一來，不僅南北貿易，而且對外貿易也主要依靠運河——長江——贛江——北江這一水上通道。雖然海上的走私活動從來沒有真正被

禁絕，但一直到鴉片戰爭以前，官方的一口通商格局並無大的變化。這使得江西在國內、國際貿易中處於極為有利的地位，為江西經濟社會的發展提供了前所未有的機遇。

三

江西人無疑在明代歷史上居於十分重要的地位，致使明朝的所有故事，無論是風光的故事還是尷尬的故事，都少不了江西人的表演。無法想像，沒有江西人的明代會是什麼樣子。

說到明代的江西，江西的文化人往往不由自主地興奮起來：遍及中國中南及西南地區的江西移民，起步甚至比徽商晉商更早而且無所不在的江右商人，從明初直至嘉靖時期獨占鰲頭的科舉考試，從解縉、胡廣、楊士奇到費宏、夏言、嚴嵩的長期主持內閣，湯顯祖的「臨川四夢」、宋應星的《天工開物》，為數眾多的江右王門學者，「赤手搏龍蛇」的異端思想家，櫓聲不絕的贛江、信江、修水、撫河、袁河，敢於在戲曲之鄉紹興、海鹽叫板的飛陽腔，等等。所有這些，都是作者希望在《江西通史·明代卷》中所表現的。

但是，雖然我們常說不能分割歷史，雖然我們也很想描述一個完整的明代社會、描述一個完整的明代江西，但限於篇幅和學識，只能是在儘可能地關注整體明代江西的基礎上，對一些自己長期關注並有一定研究基礎的斷面進行討論。呈現在讀者面前的這部《江西通史·明代卷》即是如此。

在這部著作中，我們比較詳盡地討論了我們認為明代江西最值得的關注的問題：從元末明初開始的江西人口向湖廣、向西南

地區的流動問題。先是自發的人口流動，繼而是政府的大規模強制移民，接著又是持續性自發移民，「江西填湖廣」、「湖廣填四川」貫穿著整個明清時期，成為持續影響嘗時中國整體經濟社會的重大事件。在這個過程中，數百上千萬江西人口擁向湖南、湖北、四川、貴州、雲南、廣西（在一段時間也湧向河南），他們在那裡開墾荒地、發掘礦產、交流物質、傳播文化，不僅成就了一個通過地緣、血緣關係密切連繫在一起的湘鄂贛經濟區，而且與廣東、福建、湖廣等地移民和土著居民一道，造就了中國西南部地區的開發和社會經濟的發展，並對近代中國產生重要影響。據明清兩代《實錄》記載，中國西南部地區的少數民族及緬甸、越南的許多村寨，其首領也多有江西移民；明清時期西南地區的改土歸流，常將土司酋長移居江西，原因是他們的祖籍就在江西。而近年發現的家譜等資料顯示，中國共產黨的領導人毛澤東、鄧小平、胡耀邦等，其祖先均在明代由江西遷往雲南、四川、湖南等地。一九三四到一九三五年中國工農紅軍長征，一、二方面軍在雲南威遠扎西鎮會師，一方面軍總部駐地為江西會館，二方面軍總部駐地為湖廣會館。從某種意義上說當年中央紅軍從贛南開始的長征，其行軍路線或許也受到明清時期江西移民路線的啟發。

在本書中，我們也比較詳盡地討論了由於明代江西人口流動和農業、手工業商品化而導致的令人矚目的明清江右商現象。明人王士性《廣志繹》說：「滇雲地曠人稀，非江右商賈僑居之，則不成其地。」張瀚《松窗夢語》說：「今天下財貨聚於京師，而半產於東南，故百工技藝之人亦多出於東南，江右為夥，浙

（江）、（南）直次之，閩粵又次之。」明成化間吉安彭華說：「（吾鄉）商賈負販遍天下。」明末撫州艾南英說：「隨陽之雁猶不能至，而吾鄉之人都成聚於其所。」《湖南商事習慣報告書》說：「無江西人不成市場。」清總稅務司《海關十年報告》（1881-1890年）說，雲南蒙自有七個礦業會館，其中四處為江西人所建。近人丁文江院士在《天工開物》重印時為宋應星作傳稱：宋應星所以能作《天工開物》，是因為當時中國的礦業「皆操於先生鄉人（按：即江西人）之手」。江西商人以其眾多的人口、廣泛的行業、極強的滲透力，對明清經濟社會產生重大的影響。由於明清江右商是一持續現象，所以經與《清代卷》的作者商議，本卷對這一問題的討論並不僅僅限於明代，也延續到清代。

江西經濟（這裡主要指農業經濟）的發展，是唐末五代以來中國經濟重心南移的重要內容，同時也是其原因和結果。湘鄂贛地區糧食生產基地的形成，對於先後位於開封、杭州、南京、北京的中國政治中心的穩定，對於東南地區商品經濟的發展和西南地區的經濟開發，具有重要的意義。玉米、紅薯等高產糧食作物的種植，茶、麻、煙等經濟作物的種植和加工，江河湖泊的水產資源和丘陵山區的木材資源，景德鎮的瓷、樟樹鎮的藥、鉛山的紙、金溪的書，不僅養育了數以千萬計的江西入口，也為數以百萬計的江西商人提供了充足的貨源；不僅從各方面加強了江西的經濟地位，也為政府提供了更多的稅收。在這部著作中，我們也力圖對這一現象予以描述。

明人沈德符《萬曆野獲編》記載了一則與友人聽口技的故事：

一日，同社館東郊外韋公莊者，邀往宴集，詫謂余：有神技可閱。既酒闌出之，亦一瞽者，以小屏圍於座隅，並琵琶不挈，但孤坐其中。初作徽人販姜邸中，為邸主京師人所賺，因相毆投鋪。鋪中徒隸與索錢，邸主婦私與徒隸通姦。或南或北或男或婦，其聲嘈雜，而井井不亂，心已大異之。忽呈解兵馬，兵馬又轉解巡坡御史鞫問。兵馬為閩人，御史力正右人，掌案書辦為浙江人，反覆詰辯，種種曲肖。廷下喧哄如市，話詈百出。忽究出鋪中奸情，遂施夾櫓諸刑，紛紜爭辯，各操其鄉音。[1]

這段口技的精彩，不僅僅在於表演者以一人之力，模仿出「或南或北或男或婦，其聲嘈雜，而井井不亂」，也不僅僅在於表演者能使所模仿的人物「紛紜爭辯，各操其鄉音」，還在於表演者將各地的職業特徵也充分表現出來：販姜的商人為徽州人即徽商，坐鋪的邸主為京師人即當地人，兵馬司官員為福建人，御史為江西人，書辦則是浙江人。而這種職業的地域特徵，恰恰與現實相吻合：在當時的地域性商人中，以徽商影響最大，所以商人用徽州鄉音最為合適；江、浙、閩為科舉大省，尤以江西為甚，而科道官須進士出身，故御史用江西鄉音，兵馬司則用福建鄉音；紹興師爺的前身——浙江書辦當時已是一大社會現象[2]，

1　沈德符：《萬曆野獲編》，卷二四《技藝·李近樓琵琶》。
2　參見方志遠《明代蘇松江浙人「毋得任戶部」考》，《歷史研究》二〇〇四年第六期。

故書辦用了浙江鄉音。雖然萬曆時期兩浙的科舉勢頭已經超過江西，但作為京師藝人的「瞽者」和浙江士人沈德符，仍然感受到江西人在政治生活中的重要地位。本書自然要對這一狀況作恰當的表述。

　　江西至少存在著三組對應的文化現象：菁英文化與大眾文化、附庸文化與異端文化、搖籃文化與主流文化，而這三種文化又在不斷地轉化之中。本書也試圖對明代江西的這一現象進行討論。以今天的眼光看，儘管地位有高低、境遇有窮達，朱權、解縉、楊士奇、湯顯祖、宋應星、艾南英等人所代表的，自然屬於菁英文化；而大量「無名氏」農民、工匠、商人、術士、儒士在生產生活中所表現出來的，則應該屬大眾文化。三千名進士、數量居全國首位的舉人，以及無數修習「舉業」的士人、無數通過各種方式進入仕途的各色人等，他們身上所體現的，主要是附庸文化；而朱季友、李孜省、顏鈞、何心隱以及尚未被主流思潮接受時的崇仁學派及王門諸弟子、被正統儒學視為邪術但又在江西乃至全國廣泛流行的種種思潮及法術，自然屬於異端文化。由於從來沒有成為過全國性的政治中心，甚至也很少成為區域性的政治中心，所以江西更多時候表現出來的往往是搖籃文化的特徵。從這裡可以走出大思想家、大政治家、大文學家，也可以走出未來的富商巨賈，但在本地卻很難產生大思想家、大政治家、大文學家，更難以產生富商巨賈。但在明代，這裡恰恰一度成為政治中心、學術中心、經濟中心，所以恰恰又產生了大思想家大政治家、大文學家，江西文化也一度由搖籃文化演變為主流文化。王陽明的心學在這裡由異端變為主流，湯顯祖、宋應星、艾南英也

在這裡完成了由大眾文化向菁英文化、由搖籃文化向主流文化的轉變。在江西發生的這些現象，在全國也具有重要的意義。而無論是菁英文化、搖籃文化、附庸文化，抑或是大眾文化、主流文化、異端文化，以及有名無名的代表人物，均在明代社會歷史中起著不可忽視的作用，都是中國明代歷史的創造者。本書理所當然用了最大的篇幅進行敘述。

至於明朝在江西統治的建立及維繫，明朝政府在江西的各級管理機關及其在江西經濟社會發展中的地位和作用，這是一代地方史書所不能忽略的，本書在這方面也作了一定的敘述和討論。

四

明人王士性《廣志繹》說：

遊觀雖非朴俗，然西（湖）業已為游地，則細民所藉為利，日不止千金。有司禁之，固以易俗，但漁者、舟者、戲者、市者、酤者咸失其本業，反不便於此輩也。[3]

清人錢泳《履園叢話》說：

蘇郡五方雜處，如寺院、戲館、遊船、青樓、蟋蟀、鵪鶉等局，皆窮人之大養濟院。一旦令其改業，則必至庶為游棍，為乞

3　王士性：《廣志繹》，卷四《江南諸省・浙江》。

丐，為盜賊，害無底止。不如聽之。潘榕皋（奕雋）農部《游虎丘冶坊浜詩》云：「人言蕩子銷金窟，我道貧民覓食鄉。」真仁者之言也。[4]

蘇、杭號為「人間天堂」，豈止是富人的天堂，也為窮人準備了無數的就業崗位和致富機遇。富人的財富固然是由窮人創造，但沒有富人的消費，便沒有窮人的生計。而富人的消費，自然應該包括文學、藝術、娛樂等在內的精神消費。否則，飯館只是填充肚子的所在，妓院只是發洩性慾的場所，消費也就必然是淺層次和低價位的消費。從一定意義來說，它決定著城市的繁榮程度與經濟的發展方向，也是一個地區商品經濟能否得到發展的重要因素。越是大的消費中心，越是有高消費群體，提供的就業機會就越多，城市也就越繁榮，對周邊地區商品生產的刺激也越大。

王士性《廣志繹》同時記載了明代大多數江西人的生活習性：

江右俗力本務嗇，其性習勤儉而安簡樸，蓋力齒繁土瘠，其人皆有愁苦之思焉。又其俗善積蓄，技業人歸，計妻孥幾口之家，歲用穀粟幾多，解囊中裝耀入之，必取足費。家無困廩，則床頭瓶罌無非寂粟者，餘則以治縫浣、了征輸，絕不作鮮衣怒

4　錢泳：《履園叢話》，卷一《舊聞·安頓窮人》。

馬、燕宴戲劇之用。即囊無資斧者，且暫逋親鄰，計足糊家人口，則十餘日而男子又告行矣。以故大荒無飢民、遊子無內顧。蓋怵生務本，俗之至美。[5]

雖說是「至美」之俗，卻脫不了「愁苦」之狀。儘管初唐時期王勃就為江西人說了「物華天寶、人傑地靈」的好話；南唐以後，江西已經有了發達的農業和手工業，有了令人稱羨的讀書風氣；至明清時期，人數眾多、操業甚廣的江右商人更遍布全國、遠涉海外。但江西從來都說不上富裕，江西人的精神文化消費多在外地，本地卻從未產生令人嚮往的消費中心。王士性對明代浙江、江西不同生活習性的比較，或可解釋這兩個地區今日經濟差距的根源所在。[6]

《履園叢話》還有一段更有意思的記載和評論：

雍正間，朱文端公軾以醇儒巡撫浙江，按古制婚喪祭燕之儀以教士民，又禁燈棚、水嬉、婦女入寺燒香、遊山、聽戲諸事。是以小民肩背資生，如賣漿市餅之流，弛擔閉門，默默不得意。迨文端去後，李敏達公衛范杭，不禁妓女，不擒樗蒲，不廢茶坊酒肆。曰：「此盜線也，絕之則盜難蹤跡矣。」公雖受知於文

5　王士性：《廣志繹》，卷四《江南諸省・江西》。
6　關於自清後期開始的江西在全國經濟格局中地位的下降，參見方志遠《地域文化與江西傳統商業盛衰論》，《江西師範大學學報》二〇〇七年第一期。

端，而為政不相師友，一切聽從民便，歌舞為平，細民益頌禱焉。人謂文端是儒者學問，所謂「齊之以禮」；敏達是英雄作為，所謂「敏則有功」也。[7]

朱軾與李衛「為政不相師友」，錢泳的傾向性是明顯的。但對於作為整體的中國社會或中國文化來說，二者其實都需要。來自江西的朱軾代表的是穩定和秩序，來自江蘇的李衛代表的是創新和發展。在民族發展中，穩定和創新都是需要的。中華文化的綿延不絕，就因為其中包含著兩大因素：穩定和創新，二者共同構成中華文化的和諧整體。地域之間的關係也是互動與互補的，其間只有特徵的不同，卻很難以先進與落後來進行衡量。就江西而言，既有過輝煌的創新史，也有著持續的穩定性。在每個不同的歷史時期，江西都以不同的方式為中國的整體發展作出貢獻，只是在明代（宋元時期也如此）更令人注目並更加接近於中心位置而已。

7　錢泳：《履園叢話》，卷一《舊聞·為政不相師友》。

目錄

第一章 ——

明朝在江西
的統治

第一節 ▶ 明朝在江西統治的建立

一 周子旺、彭瑩玉的起事及元末江西形勢

元順帝至正十一年（1351年）五月，劉福通、韓山童領導白蓮教起義，揭開了元末農民戰爭的序幕。

白蓮教又稱白蓮社，是一種混合有佛教、道教、明教等內容的民間祕密宗教組織，其教義崇尚光明，信奉阿彌陀佛，認為光明一定戰勝黑暗，宣稱「彌勒降生」之日即是光明到來之時，所以又稱「明教」。元末，白蓮教成了各地反元活動的普遍組織形式。

早在元泰定帝泰定二年（1325年），河南息州民趙丑斯（一作廝）、郭菩薩就公然倡言：「彌勒佛當有天下。」此事驚動了元廷，由宗正府、刑部、樞密院、御史台及河南行省聯合進行審訊，當事人或被殺或流放。[1] 河南信陽州民棒胡也「以燒香惑眾，妄造妖言」，於順帝至元三年（1337年）二月初一日公開起事，曾攻破歸德府鹿邑、焚毀陳州。[2]

在此前後，江西宜春縣慈化寺僧人彭瑩玉（一名國玉，人稱彭和尚）也以白蓮教為號召，自稱能撒豆成兵、飛茅為劍。至元四年六月，彭瑩玉密推弟子周子旺為王，建國號為「周」。[3] 事情

---

1 《元史》卷二九《本紀二十九 · 泰定帝紀一》。
2 《元史》卷三九《本紀三十九 · 順帝紀二》。
3 《元史》卷三九《本紀三十九 · 順帝紀二》，雍正《江西通志》卷三一《武事三 · 元》。

敗露之後，周子旺被捕殺，彭瑩玉則潛至湖廣麻城，繼續從事傳教其實是集結反元力量的活動。至正十一年八月，彭瑩玉和鄒普勝在麻城起事，以紅巾為號，推舉布販徐壽輝為帝，攻陷蘄水，作為都城，國號「天完」。在此後短短的幾個月裡，「天完」軍占領了今湖南、湖北、江西三省的大部和浙江、安徽的一部，兵威大振，與活動在黃河流域的劉福通遙相呼應，給元朝在南方的統治以重大打擊。[4]

不久，元廷調集江浙、江西、湖廣、四川四省駐軍，向「天完」軍展開了猛烈的反擊。在當地豪強武裝的配合下，元軍先後收復了江西境內的信州、江州、建昌、吉安、臨江、瑞州、撫州諸路[5]，彭瑩玉也於至正十二、十三年間在瑞州被捕殺[6]。不久，「天完」國都蘄水被元軍攻破，徐壽輝逃入了黃梅山中。[7]

但是，全國形勢的發展使得元軍在江西及南方的軍事優勢迅速喪失。至正十五年二月，劉福通擁韓山童之子韓林兒為帝，國

4　《明史》卷一二三《陳友諒傳》。

5　雍正《江西通志》卷三一《武事三‧元》。

6　正德《瑞州府志》卷十一《遺事志》記，至正十二年十一月，元兵克復瑞州，「擒況普天、閔總管、彭國（瑩）玉，並家屬無少長簪之，民應之者亦戮以徇。」柯紹《新元史》卷二二六《徐壽輝傳》記彭瑩玉死於至正十三年六月：「十二年二月，彭瑩玉陷瑞州。……未幾，項普略陷饒州、信州。……十三年六月，行省左丞火你赤複瑞州，執彭瑩玉，斬而窗之。」按：吳晗在《朱元璋傳》中經過辨析，認為彭瑩玉戰死於杭州（人民出版社 1985 年版，第 87 頁），但其所列史料似不足以支持此一觀點，疑誤。

7　《元史》卷四四《本紀四十四‧順帝紀七》。

號「大宋」，建元龍鳳。兩年後，攻占北宋故都汴梁，幾乎掩有河南全省，隨即分兵取山東、山西、陝西、河北、遼東，直逼大都。至正十六年二月，鹽梟出身的張士誠占領平江（今蘇州），以為都城，建國號「周」。並派兵攻略松江、常州、湖州，據有江南財賦之地。至正十六年三月，名義上接受「大宋」龍鳳年號的朱元璋部攻占元集慶路（今南京），改為應天府，置江南行中書省，自為吳國公，遣將分略鎮江、寧國、揚州、徽州、婺州（今浙江金華）、衢州、處州等地。[8]

就在元軍顧此失彼之時，「天完」軍東山再起，重新在湖北、江西等地取得了節節勝利，其政權內部也發生了權力轉移。至正十五年初，徐壽輝部將倪文俊攻占了沔陽，不久又攻克武昌、漢陽，進克常德、衡州等地，並將徐壽輝接至漢陽，漢陽遂為「天完」政權的都城。至正十七年九月，倪文俊謀殺徐壽輝不果，從漢陽逃奔黃州。漁民出身的陳友諒本為倪文俊部將，積功為元帥，所部兵精將勇，遂襲殺文俊，自稱宣慰司，旋稱平章政事。從至正十七年至十九年，陳友諒先後攻取了江州（今九江）、龍興（今南昌）、瑞州（今高安）、袁州（今宜春）、吉安、撫州、建昌（今南城）、贛州、信州（今上饒）、饒州（今鄱陽）諸路，幾乎擁有今江西全境。又取安慶、池州（今屬安徽）、衢州（今屬浙江）、汀州、邵武（今屬福建）等處，成為整個中國

8　《元史》卷四五《本紀四十五‧順帝紀八》、卷四六《本紀四十六‧順帝紀九》。

南方最大的軍事集團，與正在迅速擴張的朱元璋集團形成全面對抗。[9]

至正十九年十二月，徐壽輝領兵從漢陽往江西進發，擬將都城遷至龍興，卻被陳友諒困在江州。陳友諒遂以江州為都城，自稱漢王，徐壽輝成了傀儡。次年五月，陳友諒殺徐壽輝，自立為帝，國號「漢」。雖然還有一些元朝的殘餘勢力和各地豪強的割據力量，但此時的江西，大抵已在陳友諒集團的實際控制之下。

二　朱元璋集團對江西的用兵及明朝在江西統治的建立

至正二十年（1360 年）五月，正在浙江攻城略地的胡大海奉朱元璋之命，進軍江西，並於六月占領信州路，改為廣信府，從此揭開了朱元璋集團爭奪江西的序幕。七月和九月，徐壽輝舊部於光、余椿和歐普祥分別以饒州和袁州歸降朱元璋。內部的矛盾導致了陳友諒政權在江西的迅速瓦解。至正二十二年初，朱元璋親自率軍進略江西，置江西行省，先以吉安為省城，旋遷龍興，改名洪都府（第二年八月改南昌府），以鄧愈為行省參知政事。江西成了朱元璋集團設置的第一個省級權力機構（此前有浙東分省，但並非全浙權力機構，故只是「分省」而非「行省」）。

至正二十三年四月，急於奪回江西的陳友諒傾盡全力，「自

9　《元史》卷四六《本紀四十六・順帝紀九》、《明史》卷一二三《陳友諒傳》。

為必勝之計，載其家屬、百官，空國而來……其氣甚盛，號六十萬」**10**，圍攻江西省府洪都，同時分兵攻陷饒州、吉安、臨江。當時鎮守洪都的是朱元璋之姪大都督朱文正及江西行省平章趙德勝、參政鄧愈等，「友諒盡攻擊之術，而城中備禦，隨方應之，友諒計窮」**11**。洪都攻守戰前後延續近三個月，雙方損失慘重。七月，朱元璋親率大軍二十五萬，溯長江而上，經鄱陽湖赴援洪都。陳友諒聞報，撤洪都之圍，順贛江而下迎擊。兩軍在鄱陽湖康郎山一帶相遇，展開了一場決定兩大軍事集團生死命運的鄱陽湖大戰。《明史・陳友諒傳》根據各方面的記載，對這場戰事作了既簡潔明了又繪聲繪色的敘述：

友諒集巨艦連鎖為陣，太祖兵不能仰攻。連戰三日，幾殆。已，東北風起，乃縱火焚友諒舟，其弟友仁等皆燒死。友仁號「五王」，眇一目，有勇略。既死，友諒氣沮。是戰也，太祖舟雖小，然輕駛。友諒軍俱艨艟巨艦，不利進退，以是敗。太祖所乘舟檣白，友諒約軍士明日併力攻白檣舟，太祖知之，令舟檣盡白。翌日復戰，自辰至午，友諒軍大敗。友諒欲退保鞋山，太祖已先扼湖口，邀其歸路。持數日，友諒謀於眾。右金吾將軍曰：「出湖難，宜焚舟登陸，直趨湖南，圖再舉。」左金吾將軍曰：「此示弱也，彼以步騎躡我，進退失所據，大事去矣。」友諒不

10　童承敘：《平漢錄》，《續修四庫全書》本。
11　《明太祖實錄》卷一二，至正二十三年六月辛亥。

能決，既而曰：「右金吾言是也。」左金吾以言不用，舉所部來降。右金吾知之，亦降。友諒益困。太祖凡再移友諒書，其略曰：「吾欲與公約從，各安一方，以俟天命。公失計，肆毒於我。我輕師間出，奄有公龍興十一郡，猶不自悔禍，復構兵端。一困於洪都，再敗於康郎，骨肉將士，重罹塗炭，公即幸生還，亦宜卻帝號，坐待真主，不則喪家滅姓，悔晚矣。」友諒得書，忿恚不報。久之乏食，突圍出湖口，諸將自上流邀擊之，大戰涇江口，漢軍且鬥且走，日暮猶不解。友諒從舟中引首出，有所指撝，驟中流矢，貫睛及顱死。軍大潰，太子善兒被執，太尉張定邊夜挾友諒次子理載其屍遁還武昌。

　　鄱陽湖大戰徹底摧毀了陳友諒的主力，成為朱元璋集團建立對江西、湖廣乃至全國統治的決定性戰役。朱元璋向文武官僚們宣稱：「友諒亡，天下不難定也。」[12]作為勝利者，朱元璋在戰後分建「忠臣祠」於鄱陽湖康郎山和南昌（洪都府改），分祀在鄱陽湖戰死的韓成、丁普郎等三十六名將領和在洪都保衛戰中陣亡的趙德勝、李繼先等十四名將領[13]，可見戰爭的慘烈。

　　朱元璋初下集慶路時，曾問計於徽州名儒朱升，朱升對以「高築牆、廣積糧、緩稱王」，朱元璋深以為然。[14]所以，儘管同

12　《明史》卷一《太祖紀一》。
13　谷應泰：《明史紀事本末》，卷三《太祖平漢》。
14　《明史》卷一三六《朱升傳》。

・郭英刺死陳友仁　　　　　・劉伯溫計破陳友諒
・以上二圖皆見於《皇明英列傳》插圖，《古本小説集成》本。

時的張士誠、陳友諒等人均建號立國、稱王稱帝，朱元璋卻始終奉小明王韓林兒的「龍鳳」年號。而在鄱陽湖之戰擊殺陳友諒後，朱元璋即於次年（至正二十四年，1364 年）正月建國號為「吳」，自稱「吳王」。可見這場戰爭對於朱元璋集團的意義。

　　鄱陽湖大戰後，江西省城南昌牢牢掌握在朱元璋手中，但陳友諒舊部及各地地方武裝仍然據地自保，贛中、贛南仍處於分裂狀態。陳友諒故將熊天瑞據贛州、饒鼎臣據吉安、鄧志明據臨江。此外，在吉安等地尚有一些小股地方割據勢力，他們建立山寨，憑恃險阻，自成一體，但多為元末亂世中建立起來的地方農民或地主武裝，目的在於在亂世中求得生存、保衛家園。其中最著名的有永新的周安、新淦的鄧克明兄弟。

　　至正二十四年二月，朱元璋親征武昌，陳友諒之子陳理迎降。此後，朱元璋命常遇春、鄧愈、湯和等自北向南，蕩平江西各地割據勢力。七月，常遇春、鄧愈率軍深入江西，發起了平定江西的戰役。當月，掃平新淦的沙坑、麻嶺、十洞等山寨，俘獲

鄧克明兄弟。八月，大軍進圍吉安，饒鼎臣棄守，常遇春部收復了吉安並直逼贛州城下。熊天瑞堅守了五個月後，於次年正月舉城投降。鄧愈自贛州還軍吉安，繼續清掃饒鼎臣之殘部，饒鼎臣退守湖南。七月，湯和進攻永新的周安，各山寨也或降或平。

　　至此，江西全省盡入朱元璋集團的掌握之中。至正二十二年朱元璋初置江西行省時，江西其實還只是朱、陳兩大集團的爭奪地帶，而此時，江西真正納入朱元璋集團的核心勢力範圍，並且成為該集團攻取福建、廣東、湖廣及統一全國的重要物資和兵源供給地。

　　西元一三六八年，朱元璋在南京稱帝，國號「大明」，建元「洪武」。朱元璋成了新一代皇朝的開創者，死後廟號為「太祖」，江西則為明朝統治下的一個省份。

第二節 ▶ 明朝在江西的權力機關

一　省級權力機關及其演變

從行省到三司

　　明太祖朱元璋起兵之初，取南京，稱吳國公，並仿元朝制度置江南行中書省，自總省事。這既是朱元璋集團政權建設的開端，也是明初省級制度建置的嘗試。此後，隨著軍事力量的擴張和統一戰爭的推進，在各地陸續建立行省，作為地方一級行政區劃，設行省平章或中丞，為最高軍政首腦，「分鎮方面」。

　　但是，軍政合一的省級體制存在時間極短。明朝建立以後，

明太祖立即著手在地方建立軍政分離的政治體制。洪武元年（1368 年）八月，明軍進取元大都（北京），明太祖並沒有按慣例立即在這裡設置行省，而是先置大都督府分府，以領導北方戰事。到洪武二年戰事平息，雖然設置北平行省，卻不將都督分府併入行省，而是行省、分府並存，各不相屬。後又將這一體制推廣，並改分府為都衛，分置燕山、青州、太原、河南、西安、江西、武昌、杭州等八個都衛指揮使司於北平、山東、山西、河南、陝西、江西、湖廣、浙江等八行省，此後又設成都、廣東、廣西、福州四都衛於所在行省，旋改都衛為都指揮使司，簡稱都司，直屬中央大都督府。這樣，各行省都有行政、軍事兩大機構。行省掌民政、財政，都司掌軍政，分屬中央的中書省和大都督府，分領地方府縣和駐軍衛所。與此同時，各省先後設提刑按察使司，簡稱按司，為省級司法及監察機關。省級政權由行省大權獨攬變為三權分立。

洪武九年六月，改行中書省為承宣布政使司，簡稱布司或布政司，與都司、按司並稱三司，明初地方一級權力機關由行中書省到三司的過渡最終完成。

由於行省、都司、按司分理財政民政、軍政、司法監察的體制早已形成，所以，改行省為布政司除了使三司名稱統一外，其實際意義在於：一、為以後在中央廢除中書省作準備。[15]二、強

15　關於這一問題，參見方志遠《論明代內閣制度的形成》（《文史》第33 輯，中華書局 1990 年版）、《論明代的君主專制》（《嚴嵩與明代

調地方必須無條件秉承中央的意志。明太祖自撰《承宣布政使
誥》說：「邇來朕有天下，更行省為承宣布政使司。所以承者，
朕命也，宣者，代言之也，布者，張陳之也。所以政者，軍民休
戚，國之利病。所以使者，必去民之惡而導民之善，使知有畏
從。於斯之職可不重乎！」[16]明太祖一貫討厭繁文縟節，但在省
級地方政府的名稱上，卻又不厭其煩，可見對此事的重視。但
是，民間仍沿元時舊習，逕稱某承宣布政使司為某省，如江西承
宣布政使司，即簡稱江西布政司或逕稱江西省、江省。如與他省
並稱，則稱一「江」字。如浙江、江西，並稱「江浙」；浙江、
江西、福建，並稱「江浙閩」；江西、湖廣，並稱「江廣」。[17]

　　作為全國十三布政司之一[18]，江西布政司也並置都、布、按
三司。都指揮使司設都指揮（正二品）、同知（從二品）、僉事

政治》，上海人民出版社 1990 年版）。

16　朱元璋：《洪武御制文集》，卷四《承宣布政使誥》。

17　按：在明代史料中，「江」一般是指江西而非康熙五年才建省的江蘇；
　　「江浙」一般也指江西浙江而非江蘇浙江。參見方志遠《「江浙」辯》
　　《爭鳴》一九八八年第五期。

18　洪武九年改行省為布政司時，全國除「直隸」（今江蘇、安徽二省）
　　外，有浙江、江西、福建、北平、廣西、四川、山東、廣東、河南、
　　陝西、湖廣、山西十二個布政司。洪武十五年，置雲南布政司。永樂
　　元年（1403），改北平布政司為北京、北直隸；永樂五年，置交趾布
　　政司；十一年，晉貴州布政司。這樣，全國地方一級行政區劃有南北
　　兩直隸和十四個布政司。另外，在邊疆地區還有遼東都司、奴爾幹都
　　司（以上在東北地區）、烏思藏都司和朵甘都司（以上在西藏）等軍
　　政合一的准省級區劃，以及西北的赤斤、哈密等六衛。是為明代疆域
　　的全盛時期。宣德三年（1428），罷交趾布政司，此後即為十三個布
　　政司。

（正三品），統率本省衛所，掌軍籍、練兵、屯田、漕運、京操諸事。布政使司設左右布政使（從二品）、左右參政（從三品）、左右參議（從四品），主要職責在兩個方面：一是理民政，包括撫民賑災、管理戶籍田冊、勸民耕作技藝；二是理財政，包括均平賦役、催糧征役、發放在省宗室、官吏、師生、軍伍的祿俸廩糧。按察使司設按察使（正三品）、副使（正四品）、僉事（正五品），掌刑名按劾之事，糾劾官員以澄清吏治，緝捕罪犯以整頓治安，受理訴訟以察理冤情，打擊豪強以安撫貧民。

從三司到三堂

從理論上說，三司並立，各負其責，相互協調相互制衡，「所以穩當」[19]，但實際上卻是相互牽制、相互推諉。都司名義上掌一省之軍政，但布政司參政、參議，按察司副使、僉事也有清軍、監軍乃至操練之責；布政司掌一省之政令，但糾劾官員、整肅吏治卻由按察司負責；按察司主吏治刑名，但都司、布司卻處處掣肘。不僅如此，中央也沒有對地方三司實行統一管理協調的機關：江西都指揮使司聽命於中央的前軍都督府[20]、按察使司聽命於都察院；布政使司則財政民政聽命於戶部、刑法聽命於刑部、工程聽命於工部。而官員的任命，則是文歸吏部、武歸兵部。因此，三司體制一確立，很快就暴露出事權不一、運轉不

---

19 此為明太祖廢除中書省、提升六部地位後的用語，參見後注。

20 按：明初中央置中書省、大都督府、御史台三大府，洪武十三年，廢中書省、升六部，廢御史台，置都察院，分大都督府為前後左中右五都督府，江西都司事務由前軍都督府管理。

靈、效率低下的弊端，尤其難以應付突發事件。正如何喬新所抨擊的那樣：

> 我朝懲前代藩鎮之弊，以都司典兵，布政司理民，按察司執法。凡軍戎調發之政，布、按二司不得專，非有符驗，都司亦不聽調也。平日所以能前卻之者，恃有三尺法耳。一旦有事，白刃臨其身，厚祿誘其心，三尺法焉能制之？[21]

何喬新並非危言聳聽。早在洪武年間，僅僅是永新、龍泉（今遂川）二縣「山民」結聚，江西都司便屢討不平，只得命申國公鄧鎮等率兵往討。[22]贛縣發生民變時亦然。[23]

明太祖對地方體制的改革，是以社會的靜態為前提的，但社會的發展卻始終處於動態。隨著社會矛盾的發展，以成祖起兵「靖難」並奪取皇位為契機，省級制度從永樂開始發生了一系列變化。都、布、按三司逐漸失去其法定的地位，下降為部門性業務機關及分道制派出機關。省級最高權力機構從洪武中期開始到正德、嘉靖，經歷了以下的演變過程：都司、布司、按司三司併立——鎮守總兵、鎮守中官、鎮守文臣三堂併立——巡撫都御史掌軍政。[24]與洪武九年六月在中央的統一指令下各行省均改為布

21　何喬新：《論都司書》，《皇明名臣經濟錄》卷一七《兵部四》。
22　《明太祖實錄》卷一五六，洪武十六年八月癸亥。
23　《明太祖實錄》卷一九九，洪武二十三年正月乙酉。
24　按：這一過程參見方志遠《明代的鎮守中官制度》，（《文史》第40

政司不同，各地省級權力機構從三司到三堂、三堂至巡撫的過渡
卻是在漸進而無序中完成的。以江西而言，這一過程始於建文四
年（1402 年，成祖即位後改洪武三十五年）八月即成祖即位後
不久。

《明太宗實錄》載：洪武三十五年八月初八日，「命右軍都
督同知韓觀往江西等處操練軍馬、整點城池，廣東都司、福建行
都司、湖廣都司軍馬聽其節制」[25]。這是江西有鎮守總兵之始。
鎮守總兵之設，既是出於對建文朝舊部的疑慮，更是由於原有的
三司並立體制難以迅速平息在「靖難之役」後所發生的地方動
亂。與都指揮使司不同，總兵均以勳臣或都督府堂上官出任，地
位崇高，而且具有「欽差」性質，在兵員調動上有更大的主動
權。韓觀到江西所做的第一件事，便是越俎代庖，招撫「嘯聚劫
掠」的廬陵縣民。[26]

但是，總兵權力一大，又有控制上的問題，必須要有對其進
行監督的力量。於是便有「右軍都督陳暉、旗手衛指揮李忠往江
西參贊都督韓觀軍事」[27]。說是「參贊」，其實就是監督。但同
一系統內部的監督存在諸多不便，也不是「祖宗舊制」。明太祖
於戰時派往前敵「觀軍」的，既非文官，也非武官，建元洪武之

輯，中華書局 1994 年 10 月版）、《明代的巡撫制度》（《中國史研究》
1988 年第 3 期）。

25　《明太宗實錄》卷一一，洪武三十五年（即建文四年，下同）八月己
未。

26　《明太宗實錄》卷一一，洪武三十五年八月甲子。

27　《明太宗實錄》卷一一，洪武三十五年八月庚午。

前多為義子乾兒，建元洪武之後則多為宦官。²⁸這一慣例理所當然為成祖所效法，其後韓觀由江西轉鎮廣西，以及顧成等人出鎮貴州等地，均以宦官隨軍監督，稱鎮守中官或鎮守內官，江西亦然。²⁹而且，軍事將領固然可以平息一時之動亂、宦官固然可以直通皇帝通報消息，卻無法處理地方善後事務，更無法消弭動亂於未然，這些事情仍然得靠文官。這就使鎮守或巡視文官的設置成為必要。

江西省級權力機構的本質性變化發生在宣德五六年間。《明宣宗實錄》載：

宣德五年（1430 年）十一月庚子，敕行在都察院副都御史賈諒、行在錦衣衛指揮王裕、參議黃翰，同奉御張義、興安往江西巡視軍民利病。凡軍衛有司官吏及富豪大戶奸民強盜為軍民害者，體實擒拿，輕者就彼發落，重者連家屬解赴京師。仍戒諒等務公勤廉謹，毋徇情枉法，縱釋有罪及濫及無辜。³⁰

上述「行在」云云，實為永樂、宣德時明朝的中央機關。成祖在永樂八年以後將中央各部門遷往北京，南京僅留太子「監

28　關於這一問題，參見業師歐陽琛教授《明代的司禮監》（《江西師範大學學報》1984 年第 4 期）及方志遠《明代的鎮守中官制度》（《文史》第 40 輯，中華書局 1994 年 10 月版）、《明代的御馬監》（《中國史研究》1997 年第 2 期）。

29　《御批通鑑輯覽》卷一〇一。

30　《明宣宗實錄》卷七二，宣德五年十一月庚子。

國」，但最終將京師定在北京卻是在正統六年，其間中央各部門均稱「行在」。賈諒等人的職責說是「巡視」軍民利病，其實是安撫地方，被賦予超越地方政府的權力。其制裁和打擊對象，既包括所有官方軍隊系統的都司衛所和行政系統的司府州縣，也包括一切民間的強勢群體和動亂因素，而且，一經查實，即可便宜行事，「體實擒拿」。在這一行人等中，起著主導作用的，是都察院副都御史賈諒和宦官張義、興安。

《明宣宗實錄》又載：

宣德五年九月丙午，升行在吏部郎中趙新為吏部右侍郎、兵部郎中趙倫為戶部右侍郎、禮部員外郎吳政為禮部右侍郎、監察御史於謙為兵部右侍郎、刑部員外郎曹弘為刑部右侍郎、越府長史周忱為工部右侍郎，總督稅糧。新江西、倫浙江、政湖廣、謙河南山西、弘北直隸府州縣及山東、忱南直隸蘇松等府縣。先是上謂行在戶部臣曰：「各處稅糧多有逋慢，督運之人，少能盡心，奸民猾胥，為弊滋甚，百姓徒費，倉廩未充。宜得重臣往涖之。」於是命大臣薦舉。遂舉新等以聞，悉升其官，分命總督，賜敕諭曰：「今命爾往總督稅糧，務區畫得宜，使人不勞困、輸不後期，尤須撫卹人民，扶植良善，遇有訴訟，重則付布政司、按察司及巡按監察御史究治，輕則量情責罰，或付郡縣治之。若有包攬侵欺及盜賣者，審問明白，解送京師，敢有沮撓糧事者，皆具實奏聞。但有便民事理，亦宜具奏。爾須公正廉潔、勤謹詳

明、夙夜無懈，毋暴毋刻，庶副朕委任之重。」[31]

　　從明宣宗的敕諭可以看出，當時的執政者僅將這一次任命作為權宜之舉，且責任只是督糧，但不久即命巡撫地方，事實上成為明代在各省普遍設置巡撫之始。其以臨時性督糧為始任，以長駐一省巡撫地方為終結，除趙倫外[32]，趙新在江西、吳政在湖廣、於謙在河南山西、曹弘在北直隸、周忱在南直隸的任期至少在五年以上，而趙新、於謙、周忱更為一代名臣。從宣德五年開始，至正統四年九月調任吏部管事，趙新巡撫江西長達九年。[33]

　　其後，巡視都御史與巡撫侍郎合二而一，演變為「巡撫都御史」，其在江西者稱「巡撫江西都御史」，根據所命官員品級的不同，分別為巡撫江西右僉都御史（正四品）、巡撫江西右副都御史（正三品）。品級雖然低於布政使（從二品），但衙門卻是正二品都察院。巡視奉御也演變為「鎮守中官」或「鎮守內官（或內臣）」，其在江西者全稱為「鎮守江西內官」或「鎮守江西中官」。根據所命宦官品級及監司的不同，以御馬監為例，其全稱為「鎮守江西御馬監太監」、「鎮守江西御馬監少監」等。巡撫都御史、鎮守中官與鎮守總兵一道並稱「三堂」，構成了江西

31　《明宣宗實錄》卷七十，宣德五年九月丙午。

32　《明宣宗實錄》卷九三，宣德七年七月辛酉條載：時有言（趙）倫督糧賦用峻法、吏民不勝苦者，上聞之曰：即酷安可撫民，遂命（成）均往代之而召倫還。

33　《明宣宗實錄》卷五九，正統四年九月甲寅。

新的省級三權分立體制。巡撫主一省之行政並參贊軍務，總兵主一省之軍政，宦官總管全局並為地方與中央的連繫紐帶。

巡撫江西都御史與巡按江西監察御史

成化至嘉靖年間，隨著中央層面外廷文官、內廷宦官以及勳臣將領集團之間勢力的相互消長，以及社會秩序的動盪和重建，各省的鎮守中官陸續撤回，總兵在很大程度上受巡撫都御史的監督和控制，巡撫雖然保留著「都御史」的官銜，形式上仍是中央都察院的派出機構，而實際上已經長駐地方，成為地方最高軍政長官，巡撫衙門也成了省級最高權力機關。故而成化、弘治以後，明朝在江西的最高權力機關不再是以承宣布政使司為代表的三司，而是巡撫衙門，最高軍政長官自然也不再是布政使為首的三司首腦而是巡撫江西都御史。

弘治八年（1495年）四月，由於贛州、南安與福建、廣東、湖廣接壤地區流民聚集、連年動盪，明廷准鎮守江西太監鄧原之請，以廣東左布政使金澤為都察院右副都御史[34]，巡撫江西南贛等處，開府贛州，兼理江西南安、贛州、建昌三府，廣東潮州、惠州、南雄三府，福建汀州府及湖廣郴州。[35]這樣，江西境內有了兩個巡撫衙門，一在南昌，稱巡撫江西都御史，一在贛州，稱

34　按：金澤本為廣東左布政使，為從二品，以右副都御史巡撫南贛，為正三品，但卻是「升遷」，可見體制的變化。

35　《明孝宗實錄》卷九九，弘治八年四月辛巳。按：雍正《江西通志》卷三二《武事四》據《明書・本紀》，將南贛巡撫之設繫於弘治八年四月，但在卷四七《秩官》中則記設於成化，誤。同卷記趙新於宣德六年以吏部侍郎鎮守江西，時間亦誤。

巡撫南贛都御史（關於南贛巡撫的設置，詳見第二章第三節）。

在巡撫都御史成為省級最高軍政首長的同時，巡按御史也逐漸演變為省級最高監察和司法官員，其在江西者，稱「巡按江西監察御史」。

明代監察御史的分道巡按，始於洪武十年。雖然僅為七品，卻因為「代天子巡狩」，故地位尊崇，儼然視正三品的按察司官員為下屬。正德時胡世寧對當時的地方權力關係作了這樣的描述：「天下親民者，郡縣守令也；總督郡縣者，藩臬二司也；巡察二司守令者，巡按御史也。」[36] 可見巡按的權勢。《皇明條法事類纂》所記載的成化年間江西民間訴訟程序，則為胡世寧的描述提供了實證：

> 江西地方小民，多被勢要土豪大戶占種田地，侵占墳山，謀騙產業，毆傷人命。狀投里老，（里老）畏懼富豪，受私偏判。反告到縣，平日富豪人情稔熟，反將小民監禁，少則半年，多則一二年以上，賄屬官吏，止憑里老地鄰保結，妄行偏斷。小民屈抑，又逃司府伸訴，又行串查原案，本縣妄稱問結，一概朦朧中覆，屈抑不伸。及赴御史處伸冤，御史又待查審，曾經司、府、州、縣、里老剖判過者，俱不行准狀，以致小民卒至含冤受苦，欲引赴京訴奏，水遠山遙，寸力寡弱，民之受苦，莫是之甚。[37]

36　胡世寧：《守令定例疏》，《明經世文編》卷一三六。
37　《皇明條法事類貉纂》卷四八《斷罪不當》。

里老、縣、府、按察司、御史依次為民間訴訟的司法級層，而御史處於最高層。雖然巡撫均帶都御史銜，從而確定了對巡按的統屬關係，但是，巡按御史在履行司法權時，仍保持獨立性，巡撫不得干預。王鏊《守溪筆記》有這樣一段記載：

（景泰間，李秉）公以都御史巡撫宣府，張鵬以御史巡按。有武臣私役士卒，公將劾之。故事，（巡撫）都御史不理訟獄，公以囑鵬，親詣之。鵬不可，曰：「鵬非公問刑官也。」強之再三，必不可。公乃自為奏劾之。事下御史，鵬曰：「今日乃可理耳。」[38]

可見巡按並不對當地巡撫負責，而是直接對中央都察院負責。嘉靖十一年（1532）重定撫、按職掌時更明確規定：「其文科武舉，處決重辟，審錄冤刑，參拔吏典，紀驗功賞，係御史獨專者，巡撫亦不得干預。」又定：「地方之事，俱聽巡撫處置。都、布、按三司將處置緣由，備呈巡按知會。巡按御史出巡，據其已行之事，考查得失，糾正奸弊。」[39]

這樣，巡撫一方面總攬一省之軍政，被視為「封疆大吏」，另一方面，其所行之事，又必須接受巡按代表中央所進行的監督。但為了保持巡撫在體制上的尊崇地位，巡按御史對其監督是

38　王鏊：《守溪筆記》，《紀錄彙編》卷一二四。
39　萬曆《明會典》卷二一一《都察院・撫按通例》。

通過對都、布、按三司的監督而間接進行的。

二　司道府縣的機構設置及其職責

江西布政司、按察司及分守、分巡道

在巡撫衙門成為實際上的省級最高權力機構之後，原有的三司仍然保留，但其地位則下降為省級職能部門，須對巡撫負責並同時接受巡撫的考查和巡按的監督。[40]

江西布政司定製設有左、右布政使各一人，左、右參政及左、右參議若干人。《明史・職官志四》對布政使的職掌作了如下表述：

布政使掌一省之政，朝廷有德澤、禁令，承流宣播，以下於有司。凡僚屬滿秩，廉其稱職、不稱職，上下其考，報撫、按以達於吏部、都察院。三年，率其府州縣正官，朝覲京師，以聽察典。十年，會戶版以登民數、田數。賓興貢，合省之士而提調之。宗室、官吏、師生、軍伍，以時班其祿俸、廩糧。祀典神祇，謹其時祀。民鰥寡孤獨者養之，孝弟貞烈者表揚之，水旱疾疫災祲，則請於上蠲振之。凡貢賦役，視府州縣土地人民豐瘠多寡，而均其數。凡有大興革及諸政務，會都、按議，經畫定而請

40　萬曆《明會典》卷一五《吏部十四》載，天順八年奏准：「各處巡撫巡按，會同從公考察布按二司並直隸府州縣、各鹽運司、行太僕寺苑馬寺等官賢否。」

於撫、按若總督。其國慶國哀，遣僚貳朝賀弔祭於京師。天子即位，則左布政使親至。

　　這其實是一段自相矛盾的文字，而文字上的矛盾是由於制度上的矛盾所造成的。如前文所說，布政使在洪武、永樂時期，確實是「掌一省之政」，但巡撫成為省級最高軍事首腦之後，布政使已為其下屬。《明史・職官志》的作者顯然已經注意到了這一變化，卻將洪武時布政使設置之初的職掌和宣德、正統以後的情況糅合在一起，遂使布政使既「掌一省之政」，又聽命於撫、按。在上述職掌中，所謂宣告朝廷的「德澤」和「禁令」、掌管田冊戶籍、每十年主持編造賦役黃冊、每三年率府州縣正官赴京朝覲、表揚孝弟貞烈、贍養鰥寡孤獨、賑濟災民祀典神祇等，均為常規性事務而無決策性權力。真正可視為權力象徵的，是屬官的考察和政務的興革，但這兩項都必須「報撫按」或「請於撫按」，即需要得到巡撫都御史和巡按監察御史的認可而後行。雖然左右布政使的品級均為從二品，而初任巡撫僅為僉都御史正四品，巡撫御史更為正七品，但布政使仍得聽命於巡撫都御史並接受巡按御史的監督。

　　布政司具有實質意義的政務，是參政、參議的分道理事。江西是明朝重要的漕糧供給地和商品糧生產地，所以專設督糧道參政或參議，駐省城南昌，以督運漕糧為專責。又有五分守道，各設參政或參議：南瑞道轄南昌、瑞州二府，駐南昌；湖東道轄廣信、撫州、建昌府，駐廣信；湖西道轄吉安、袁州、臨江三府，駐臨江；饒南九江道轄饒州、南康、九江三府，駐九江；贛南道

轄贛州、南安二府，駐南安。各分守道的主要職掌是管理糧儲、屯田、清軍、驛傳、水利、撫民等事。雖為布政司堂上官，卻長駐地方；雖為布政司的派出機關，卻又主要對巡撫而不是對布政使負責。

江西按察司設按察使一人、副使和僉事若干人。《明史・職官志四》對按察使的職掌作了和布政使相類似的歸納和處理：

按察使掌一省刑名按劾之事。糾官邪，戢奸暴，平獄訟，雪冤抑，以振揚風紀，而澄清其吏治。大者暨都、布二司會議，告撫、按，以聽於部、院。凡朝覲慶吊之禮，具如布政司。

與布政使一樣，按察使也受控於撫、按，其實質性職責是副使、僉事分巡各道。江西按察司設有提學副使一人，駐省城南昌，專理學校、科舉事；設南瑞道、廣建道兵備副使各一人，分駐南昌和建昌，專職治安。又有五分巡道，各設副使或僉事：饒南九江道，駐饒州；湖西道，駐吉安；南昌道，駐省城；湖東道，駐廣信；嶺北道，駐南安。按察司各分巡道與布政司各分守道都是派出機構，職責相同，並且也主要對巡撫負責。但布政司分守道更側重賦役、屯田、水利等有關國計民生事，按察司分巡道更側重治吏、撫民、清軍等有關社會風氣與社會治安事。

江西府縣衙門及「親民官」

在明代，真正的「親民官」或直接對民眾進行管理的衙門，是府（州）、（州）縣兩級機構。明朝江西布政司下轄南昌（治南昌）、瑞州（治高安）、九江（治德化，即今九江）、南康（治

星子）、饒州（治鄱陽）、廣信（治上饒）、建昌（治南城）、撫州（治臨川，即今撫州）、吉安（治廬陵，即今吉安）、臨江（治清江）、袁州（治宜春）、贛州（治贛縣）、南安（治大庾，即今大余）等十三府。十三府共轄一州、六十九縣，後增設八縣，共七十八州縣。其範圍北起九江，南至安遠，東起玉山，西至永寧（後改名寧岡，今併入井岡山市），大抵相當於今日江西省的區域範圍（婺源縣除外），結束了宋元時期贛東北分隸江東、江浙的歷史。各府沿革及所轄州縣情況如下：

南昌府：元龍興路，至正二十二年改名洪都府，第二年再改南昌府，領縣七：南昌、新建、豐城（洪武九年十二月改富州為豐城縣）、進賢、奉新、靖安、武寧；州一：寧州（元分寧縣，寧州治，洪武初改為寧縣，省州入縣，弘治十六年升縣為州）。

瑞州府：洪武二年改路為府，領縣三：高安、上高、新昌（元為州，洪武初降為縣）。

九江府：元江州路，至正二十一年改為九江府，領縣五：德化、德安、瑞昌、湖口、彭澤。

南康府：至正二十一年改為西寧府，二十年改為南康府，領縣四：星子、都昌、建昌（元為州，洪武初降為縣）、安義（正德十三年置）。

饒州府：至正二十一年改為鄱陽府，隸江南行省。不久改為饒州府，隸江西，領縣七：鄱陽、餘干（元為州，洪武初降為縣）、樂平（元為州，洪武初降為縣）、浮梁（元為州，洪武初降為縣）、德興、安仁、萬年（正德七年置）。

廣信府：元信州路，至正二十二年改為廣信府，領縣七：上

饒、玉山、弋陽、貴溪、鉛山（元為州，洪武時降為縣）、永豐（今廣豐）、興安（今橫峰，嘉靖三十九年置）。

建昌府：至正二十二年改為肇慶府，不久改稱建昌府，領縣五：南城、南豐（元為州，洪武初降為縣）、新城、廣昌、瀘溪（萬曆六年置）。

撫州府：至正二十二年改為臨川府，不久改稱撫州府，領縣六：臨川、崇仁、金溪、宜黃、樂安、東鄉（正德七年置）。

吉安府：至正二十二年改為府，領縣九：廬陵、泰和（元為州，洪武二年降為縣）、吉水（元為州，洪武二年降為縣）、龍泉、萬安、永新（元為州，洪武二年降為縣）、永寧。

臨江府：至正二十三年改為府，領縣四：清江、新淦（元為州，洪武初降為縣）、新喻（元為州，洪武初降為縣）、峽江（嘉靖五年置）。

袁州府：至正二十年改為府，領縣四：宜春、分宜、萍鄉（元為州，洪武初降為縣）、萬載。

贛州府：至正二十五年改為府，領縣十二：贛、雩都、信豐、興國、會昌（元為州，洪武初降為縣）、安遠、寧都（元為州，洪武初降為縣）、瑞金、龍南、石城、定南（隆慶三年置）、長寧（萬曆四年置）。

南安府：至正二十五年改為府，領縣四：大庾、南康、上猶、崇義（正德十四年置）。

至明代，江西境內的政區單位數量眾多，分布相對勻稱。十三府是宋代十三州軍、元代十三路的改名，後來清代基本沿襲；縣級單位在穩步增長之中趨於飽和，僅於清代後期在邊沿地區增

置三廳。從國家治理的方面看，政區設置已是嚴密完備；從政治地理的發展趨勢看，已經相對穩定。

其隸屬及沿革關係見表 1-1。

・表 1-1 明代江西布政司所轄道、府、州、縣

分守道	府名	州縣名	元名	宋名	分守道	府名	州縣名	元名	宋名
南瑞道	南昌（元龍興路、宋洪州）	南昌	南昌	南昌	湖東道	撫州（元撫州路、宋撫州）	臨川	臨川	臨川
		新建	新建	新建			崇仁	崇仁	崇仁
		豐城	富州	豐城			金溪	金溪	金溪
		進賢	進賢	進賢			宜黃	宜黃	宜黃
		奉新	奉新	奉新			樂安	樂安	樂安
		靖安	靖安	靖安			東鄉	明正德七年置	
		武甯	武甯	武寧	湖溪道	吉安（元吉安路、宋吉州）	廬陵	廬陵	廬陵
		甯州	寧州	分寧			泰和	泰和州	泰和州
	瑞州（元瑞州路、宋筠州）	高安	高安	高安			吉水	吉水	吉水
		上高	上高	上高			永豐	永豐	永豐
		新昌	新昌州	新昌			安福	安福州	安福

分守道	府名	州縣名	元名	宋名	分守道	府名	州縣名	元名	宋名
繞南九江道	九江（元江州路、宋汀州）	德化	德化	德化			龍泉	龍泉	龍泉
		德安	德安	德安			萬安	萬安	萬安
		瑞昌	瑞昌	瑞昌			永新	永新州	永新
		湖口	湖口	湖口			永寧	元至順年間置	
		彭澤	彭澤	彭澤		臨江（元臨江路朱臨江軍）	清江	清江	清江
	南康（元南康路、宋南康軍）	星子	星子	星子			新淦	新洽州	新撿
		都昌	都昌	都昌			新喻	新喻州	新喻
		建昌	建昌州	建昌			峽江	明嘉靖五年置	
		安義	明正德十三年置			袁州（元袁州路、宋袁州）	宜春	宜春	宜春
	饒州（元江浙行省饒州路、宋饒州）	鄱陽	鄱陽	鄱陽			分宜	分宜	分宜
		余幹	餘幹州	餘幹			萍鄉	萍鄉州	萍鄉
		樂平	樂平州	樂平			萬載	萬載	萬載

分守道	府名	州縣名	元名	宋名	分守道	府名	州縣名	元名	宋名
		浮梁	浮梁州	浮梁			贛	贛	贛
		德興	德興	德興			雩都	雩都	雩都
		安仁	安仁	安仁			信豐	信豐	信豐
		萬年	明正德七年置				興同	興同	興閏
湖東道	廣信（元浙江行省信州路、宋信州）	上饒	上饒	上饒	贛南道即嶺北道	贛州（元贛州路、宗虔州）	會昌	會昌州	會昌
		玉山	玉山	玉山			安遠	安遠	安遠
		戈陽	戈陽	戈陽			甯都	寧都州	寧都
		貴溪	貴溪	貴溪			瑞金	瑞金	瑞金
		鉛山	鉛山	鉛山			龍南	龍南	龍南
		永豐	永豐	永豐			石城	石城	石城
		興安	明嘉靖三十九年置				定南	明隆慶三年置	
	建昌（元建昌路、宋建昌軍）	南城	南城	南城			長寧	明萬曆四年置	
		南豐	南豐州	南豐		南安（元南安路、宋南安軍）	大庾	大庾	大庾
		新城	新城	新城			南康	南康	南康
		廣昌	廣昌	廣昌			上猶	上猶	上猶
		瀘溪	明萬曆六年置				崇義	明正德十四年置	

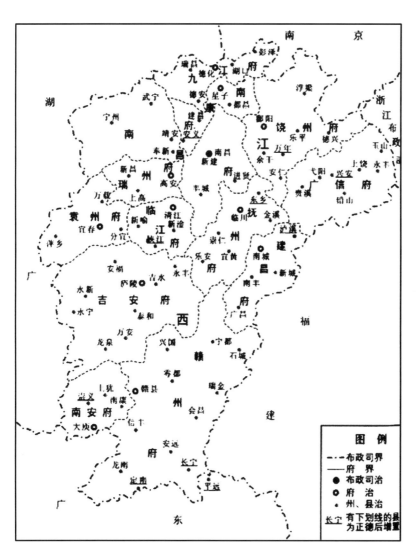

· 萬曆六年（1578 年）後江西布政司圖
· 本圖參考郭紅、靳潤成：《中國行政區劃通史·明代卷》，復旦大學出版社二
　〇〇七年版，第 124 頁，圖七。

各府的正官為知府，正四品，這在明朝已屬於高級官員。《明史‧職官志四》對其職掌作了如下歸納：

知府掌一府之政，宣風化，平獄訟，均賦役，以教養百姓。每三歲，察屬吏之賢否，上下其考，以達於省，上吏部。凡朝賀、弔祭，視布政使司，直隸府得專達。凡詔赦、例令、勘札至，謹受之，下所屬奉行。所屬之政，皆受約束於府，劑量輕重而令之，大者白於撫、按，布、按，議允乃行。凡賓興科貢，提調學校，修明祀典之事，咸掌之。若籍帳、軍匠、驛遞、馬牧、盜賊、倉庫、河渠、溝防、道路之事，雖有專官，皆總領而稽核之。

由此可以看出，比起布政使，知府才真正有責有權。而且，這種責任和權力是全面的，包括教化、行政、財政、司法、教育、治安、水利、交通等等，即本府的一切事務及所發生的一切事件，知府都必須進行處置並承擔責任。

按明朝的制度，各府還設有副職，名為同知（正五品）、通判（正六品），但並非各府並設。如南昌、南康二府，同知、通判便經常缺額。協助知府處理事務、專理刑名並協管財政的是推官（正七品）。可見司法和財政在地方事務中的地位。根據需要，推官可以不止一名。成化時，吉安知府張銳上疏奏稱：「江西多大家，往往招納四方流移之人，結黨為非。如吉安一府，健訟尤甚，囚犯監禁，常累至千人。緣官少不能決斷，多致瘐死。

今宜增設推官一員，專理詞訟，不得以他事差遣。」[41]明廷從其
請，吉安府遂有兩名推官。同知、判官的不時設置，在南昌府自
然是因為省會所在，省、府、縣官員重重，但在南康府，則是因
為府小而政務相對清閒。但不置同知、判官而置推官，或者是因
為前者與知府地位相埒易生掣肘、後者與知府地位懸殊易於聽命
故。如果這種推測成立，更說明政府對於「知府」這一級親民官
的重視。

　　明代的州有兩種，一為直隸州，直屬布政司，其地位同於府
而低於府；二為散州，地位同於縣而高於縣。江西只有一個州即
寧州，為散州，轄於南昌府。州的首腦為知州，從五品。其副為
同知（從六品）和判官（從七品）。按明代制度，編戶少於三十
里的散州，不設同知和判官。寧州編戶達八十六里，故二者均
設。[42]縣的首腦為知縣，正七品。其佐為縣丞（正八品）、主簿
（正九品），分掌財務（糧馬）和治安（巡捕）。《明史·職官四》
將知州的職掌併入知縣記述：

　　　　知縣掌一縣之政。凡賦役，歲會實征，十年造黃冊，以丁產
　　為差。賦有金谷、布帛及諸貨物之賦，役有力役、僱役、借債不
　　時之役，皆視天時休咎，地利豐耗，人力貧富，調劑而均節之。

41　《明憲宗實錄》卷二八〇，成化二十二年七月壬戌。
42　李賢等：《明一統志》卷四九《江西布政司》。另據《江西通志》卷
　　一九《公署一》，寧州同知、判官公廨分別在州署後求瘼堂的東南和
　　西南。

歲歉則請於府若省蠲減之。凡養老、祀神、貢士、讀法、表善良、恤窮乏、稽保甲、嚴緝捕、聽獄訟，皆躬親厥職而勤慎焉。若山海澤藪之產，足以資國用者，則按籍而致貢。

如果說知府作為「親民官」偶爾還有推諉責任的理由，知州、知縣則全無退路，本州、本縣的任何事務都必須「躬親厥職而勤慎焉」。如果無同知、判官或縣丞、主簿，其有關職掌也由知州或知縣一併掌管。

下面以南昌府、南安府為例，分析明朝在江西的機構設置情況。作為省、府以及南昌、新建二縣三級地方權力機關的所在地，南昌城內分布著大大小小的官署，駐紮著大大小小的官員。

省級官員有：巡撫江西都御史，巡按江西監察御史；江西左、右布政使，江西督糧道、清軍道參政或參議；江西按察使，江西驛鹽道、清軍道副使或僉事；江西都指揮使及同知、僉事。作為江西布政司的派出機構分守湖東道、湖西道、南昌道、九江道，江西按察司的派出機構分巡南昌道、湖東道、湖西道、九江道，其參政或參議、副使或僉事，也都在南昌設有時官署。

南安雖然偏處江西南端，卻因為扼江西、廣東兩省通道而為按察司嶺北分巡道所在地，駐有分巡道副使或僉事，另有提督學政署和布政分司署，以便接待提學副使及分守嶺北道參政或參議。

兩府均設有知府、推官（同知、通判不常設），以理府事。據雍正《江西通志》，明末南昌有知府公署、督糧廳、推官理刑廳而無同知廳、通判廳，這是因為南昌只設知府、推官不設同

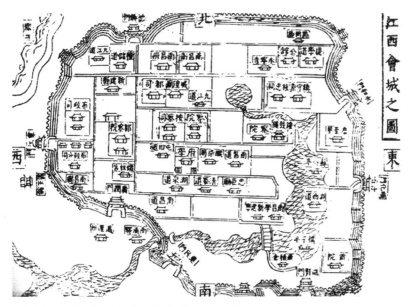

・江西省城圖，嘉靖《江西通志》卷一《藩省》。

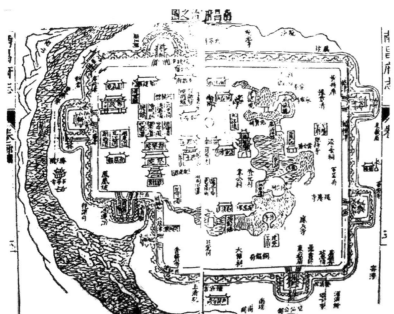

・南昌府治圖，萬曆《新修南昌府志》卷一《郡圖》。

知、通判的緣故。南安有知府公署、通判廳、理刑廳而無同知廳，則是因為南安府不設同知故。

各縣設官也並不都滿額。南昌府所屬各縣及寧州，縣丞、主簿並設，而南安府所屬南康、崇義二縣因人口較少，縣丞、主簿並不常設。又，南昌府除了「附郭」縣即府治所在地的南昌、新建二縣，其他豐城、進賢等縣及寧州，南安府的南康等縣，均設有各種「行署」。多者如豐城，有巡按御史的察院、分守參政或參議的布政分司公署、分巡副使或僉事的南昌道公署，少者如上猶，也有分巡副使或僉事的嶺北道公署。

江西各衙門的首領官及吏員

以上關於司、府、州、縣各級權力機構的敘述，僅限於「正官」的層面。而權力的運行、公務的處置，很大程度是在「首領官」和「吏」的層面進行的。中國民諺說：「不怕現官，就怕現管。」所謂「現官」，指的是「正官」，而「現管」，則是指首領官和吏員，因為具體辦事的是這批人。要瞭解明朝國家機器的運行狀況，要瞭解江西的地方官員們是如何對民眾實施統治，就有必要對「首領官」和「吏」的設置予以說明。在江西的「正官」，除了州通判和縣丞、主簿可以由舉人出身者擔任外，一般都是進士出身。[43] 而首領官則只需舉人或儒士乃至由吏撥充。

43　所以特別提出江西，是因為明代邊遠如廣西、貴州、雲南等地的知州、知縣也可以是舉人出任，稱為「邊遠選」。參見杜婉言、方志遠《中國政治制度通史 · 明代卷》第九章《明朝的人事管理制度》（人民出版社 1996 年版。）

據《明史·職官志》，布政司的首領官有：經歷司經歷（從六品）、都事（從七品），照磨所照磨（從八品）、檢校（正九品），理問所理問（從六品）、副理問（從七品）、提控案牘。經歷司的職責是掌管往來公文，照磨所的職責是掌管各類卷宗，理問所的職責是掌管訴訟文檔。

按察司的首領官相對少一些，只有經歷司經歷（正七品）、知事（正八品），照磨所照磨（正九品）、檢校（從九品）。他們職掌與布政司同名首領官一樣，但品秩低一級。府的首領官也有經歷司經歷（正八品）、知事（正九品），照磨所照磨（從九品）、檢校（未入流），職責和布、按二司同名首領官相同，品級又相應降低。州的首領官為吏目（從九品），縣的首領官則為典史（未入流）。

從職掌和品級可以看出，首領官中管理文書者地位較高而管理具體事務者則地位較低。其高者為經歷，品級超過知縣，但由於是「首領官」出身，其升遷機會遠少於知縣；其低者如府檢校、縣典史，均未入流，但又因為他們是「官」而非「吏」，所以升遷仍在官的系統內進行。所以指出這一點，是因為明代官與吏的身分完全不同。[44]但這些低品級乃至未入流的「官」，就其出身來說，有相當部分由吏「撥充」，故情況十分複雜。

---

44 明代民謠說熱戀男女的海誓山盟，「要分離，除非是天做了地；要分離，除非是東做了西；要分離，除非是官做了吏！」（《明清民歌時調集·掛枝兒》卷二《分離》，上海古籍出版社 1987 年版，第 62 頁。）可見官與吏的天壤之別。

在省、府、縣各級政府中，還有一些具體的職能部門，這些部門也設置了主管官員，主要有：司獄司司獄（布、按二司從九品，府未入流），管理監獄；庫大使（布政司從九品，州縣未入流）、副使（僅布政司設，未入流），掌管錢物；倉大使（布政司及府從九品，州、縣未入流）、副使（布政司及府、州、縣設，均未入流），掌管糧儲；儒學教授（府學設，從九品）、正學（州學設，未入流）、教諭（縣學設，未入流）、訓導（府、州、縣學均設，未入流），掌教誨生員；稅課司（縣為局）大使（從九品），掌徵收商業稅及財產過戶稅；河泊所官，掌收魚稅；遞運所官，掌遞運糧物。

又有一些對特殊行業進行管理的機構，也設有主管官員：管理醫生的衙門叫醫學，府設醫學正科（從九品）、州設醫學典科（未入流）、縣設醫學訓科（未入流）。管理術士如算卦、占卜的衙門叫陰陽學，府設陰陽學正術（從九品）、州設陰陽學典術（未入流）、縣設陰陽學訓術（未入流）。管理僧人的衙門，府設僧綱司，有都綱（從九品）、副都綱（未入流）；州設僧正司，有僧正（未入流）；縣設僧會司，有僧會（未入流）。管理道士的衙門，府設道紀司，有都紀（從九品）、副都紀（未入流）；州設道正司，有道正（未入流）；縣設道會司，有道會（未入流）。這些機構的官員本身也都從事該行業，所以只設官而不給俸祿，帶有民間團體的自治性質。

上述機構均設於府、州、縣治所在地。還有一些機構則根據需要，分布在各地。在這些機構中，巡檢司和驛站是需要關注的。

巡檢司置巡檢、副巡檢（均為從九品），掌「緝捕盜賊、盤詰奸偽」。這些巡檢司多設在遠離府州縣城的關津要害處。[45]如南安府大庾縣，在鬱林鎮黃泥巷設有鬱林鎮巡檢司、赤石鎮峰山裡水西村設有赤石鎮巡檢司；再如吉安府廬陵縣，在淳化鄉設有富田巡檢司、宣化鄉設有敖城巡檢司、安平鄉設有井岡巡檢司。巡檢司一般都是要害去處，嘉靖時增設峽江縣，隆慶時增設定南縣，縣治所在地即為原巡檢司所在地。

驛站置驛丞（未入流），掌管郵傳和官員迎送事。驛站既有設在府州縣城之內及城郊者，如南昌縣的市汊驛、青浦驛；也有設在遠離府州縣城而地處交通樞紐的重要市鎮，如鉛山縣的車盤驛、鵝湖驛。

所有這些機關，構成了明朝在江西的基本統治網絡。但所有的機關，又離不開「吏」。

明朝的吏有各種名目，弘治《明會典》說：

國初因前代之制，令有司設司吏，許各保貼書二名，其後定設掾史、令史、書吏、司吏、典吏，俱視政事繁簡為額。及政事益繁，又設提控、都吏、人吏、胥吏、獄典、攢典，事簡者則裁減之。[46]

45 《明史・職官志四》：「凡在外各府州縣關津要害處俱設，俾率徭役弓兵警備不虞。」
46 弘治《明會典》卷六《吏部五・吏》。

可見，明朝各衙門吏的名目並不相同，吏的數量則根據需要而變化。現根據《明會典》的記載，對江西各衙門的吏員設置及其名目綜述如下，但吏員的數量因缺乏記載而從略。

巡撫江西都御史衙門：令史（正九品出身）、典吏（雜職出身）。

巡按江西監察御史衙門：書吏（從九品出身）、典吏。[47]

江西布政司衙門：通吏（正九品出身）、令史（正九品出身）、典吏（雜職出身）、承發架閣庫典吏、庫攢典；經歷司：典吏；理問所：司吏、典吏。

江西布政司屬各府衙門：司吏（雜職出身）、典吏、承發；經歷司：典吏；司獄司：獄典。

江西布政司屬各州縣衙門：司吏、典吏、承發。

江西布政司各府州縣屬機構，儒學：司吏；稅課司（局）：司吏、攢典；庫、倉：攢典；遞運所：司吏、典吏；水馬驛：驛吏；巡檢司：司吏。[48]

江西按察司衙門：書吏（從九品出身）、典吏、承發；經歷司：典吏；司獄司：典吏；架閣庫典吏。

江西都指揮使司衙門：令史（正九品出身）、典吏（雜職出身）、承發、架閣庫典吏；經歷司：典吏；斷事司：司吏、典吏。

---

47 弘治《明會典》卷六《吏部五 · 吏》、卷九《吏部八 · 洪武禮制》。
48 弘治《明會典》卷七《吏部六 · 吏》、卷九《吏部八 · 洪武禮制》。

江西都指揮使司屬各衛：令史（從九品出身）、典吏；鎮撫司：司吏。

江西都指揮使司屬各守禦千戶所：司吏。

明太祖出身貧苦，對於元末官昏吏貪的社會現實有刻骨銘心的感受[49]，故重典治吏，對吏員的出身有較為嚴格的要求：凡僉充吏役者，應該出身於農民，自身和家庭沒有過失的記錄，年齡在三十歲以下，並且能夠識字書寫。時人稱吏員為「書吏」，即因為吏的職責多為文書。為了預防他們的作弊，又規定，即使符合上述條件，但如果曾經在各衙門主寫文案、攢造文冊，或者曾經充當過衙役，或者雖為農民而實為城市遊蕩者，皆不得充吏。[50]而江西之吏受到更為嚴厲的限制，不管實績如果，都不得調充戶部為吏。[51]

雖然如此，但明代國家政策的種種弊端，江西官場的種種問題，仍然多與吏員相關。有關這方面的情況，將在本書的以下各章有所論列。[52]

---

49 關於這一情況，參見明太祖禦制三編《大誥》。
50 關於對吏員的限制，參見弘治《明會典》卷九《吏部八‧憲綱、事例》有較為詳細的記載。
51 參見方志遠：《明代蘇松江浙人「毋得任戶部」考》，《歷史研究》二〇〇四年第六期。
52 對於中國古代吏的論述，參見趙世瑜：《吏與中國傳統社會》，浙江人民出版社一九九四年版。

三　都司衛所的分布及變更

　　任何時候，國家的統治都是構建在軍事打擊力量基礎之上的。明朝的軍隊以衛所為基本編制，但隨著戰事的平息，衛所逐漸成為掌管軍籍、組織屯田和操練、護送漕糧及其他物資的編制，一旦有軍事行動，則在衛所抽調兵員、組織建制、命將出征。明朝在江西的軍隊，也經歷了這一演變過程。所以，當時的軍事力量其實由兩套系統來管理。

　　明朝對江西的統治是從軍事占領開始的，加上當時的國家體制基本沿襲元朝，故軍政合一的江西行省最初的領導集團是由軍事將領為主體構成的，主要人物有大都督朱文正、行省平章趙德勝、行省參政鄧愈等。洪武初期，明朝對江西的防守相當重視，曾設置南昌衛、建昌衛、撫州衛、吉安衛、袁州衛、贛州衛、廣信衛、寧都衛八個軍衛，這是明代中期的四衛和明代後期的三衛無法比擬的。當然，此時的江西行省，其管轄區主要在南昌及其周邊地區。隨著江西形勢的穩定及戰場向北、向西、向南的推移，江西行省的領導集團逐步讓位於文職官員，著名的有行省參政及中丞楊憲、汪廣洋、陶安等。作為腹裡地區，一旦國家統治穩定之後，江西便不需要供養如此眾多的軍隊，故八個軍衛相繼改為守禦千戶所，或被廢除。

　　洪武九年六月，江西行省改為江西布政使司，江西都衛指揮使司也改名為都指揮使司，簡稱江西都司，隸屬於中央的大都督

府。[53]大都督府改為五軍都督府後，江西都司隸屬於前軍都督府，下轄南昌左、南昌前、袁州、贛州四衛及吉安、安福、永新、會昌、信豐、南安、饒州、撫州、建昌、廣信、鉛山十一守禦千戶所，另轄寧府、淮府、益府三儀衛司和淮府、益府二群牧所。永樂之後江西都司衛所數目的變化皆與寧王府有關。永樂元年寧王由塞外大寧改封南昌，南昌左衛改為南昌護衛。天順年間，寧靖王不法，廢護衛，復置南昌左衛。正德十六年，由於寧王朱宸濠事變後南昌左、前二衛衛士大大減少，公署也毀於戰火，明廷遵照王守仁的建議，將二衛並為南昌衛。[54]從此至明末，江西一直為三衛。

對於江西都司諸衛所的這種佈局，正德時江西南城籍吏部侍郎羅玘作了如下的分析：

江西都指揮使司統衛四所十有一。衛以南昌名者二（按：指南昌左衛和前衛），治會府南昌地也；以贛名治贛，以袁名治袁。所之以地名者，亦治其地。凡其所在，大抵皆要害也。贛暨南安背負大庾，而信豐、會昌犬牙入於南粵之奧區，袁、吉則湖湘之脅，洞蠻寶口張噬於安福之際，永新則先嘗其齟焉。鉛山甌閩之北門也，撫、建扼其西牖，與贛特角之。吳越以饒、信為唇

53　按：江西都司的軍事轄地與江西布政使司的轄區並不完全一致。
54　《明史》卷九〇《兵志二》。

齒。而江淮湖漢舟師必爭之地者，南昌也。[55]

也就是說，所有的衛所都設置在要害之地，但其重點又在南昌、吉安、贛州一線及袁州。南昌設有兩衛、袁州設有一衛；吉安雖由衛改所，但安福、永新也各有一千戶所，即一府三所；贛州不僅有贛州衛，且有會昌、信豐二千戶所。從衛所分布來看，顯然偏重於西邊與湖廣接壤處，這不能不說與明初彈壓陳友諒舊部有關。其餘各千戶所多在府治所在地，但臨江、南康二府地域狹小，又近南昌、袁州，故未設千戶所。而鉛山扼入閩通道，故也設有千戶所。九江也設有衛，但由於與江防有關，故屬南京京衛。

按明制，都指揮使司設都指揮使一人（正二品）、都指揮同知二人（從二品）、都指揮僉事四人（正三品），這些都是「堂上官」，在三司之中品秩最高。所以凡屬禮節性的文字，都指揮使列名均在布政使和按察使之前。由於省級體制的變化，所以《明史・職官志》為都指揮使開列職掌時，文字也頗費周折：

都司掌一方之軍政，各率其衛所以隸於五府，而聽於兵部。凡都司並流官，或得世官，歲撫、按察其賢否，五歲考選軍政而廢置之。都指揮使及同知、僉事，常以一人統司事，曰掌印，一

55　羅玘：《送都閫文君之江西任序》，雍正《江西通志》卷一三七《藝文》。

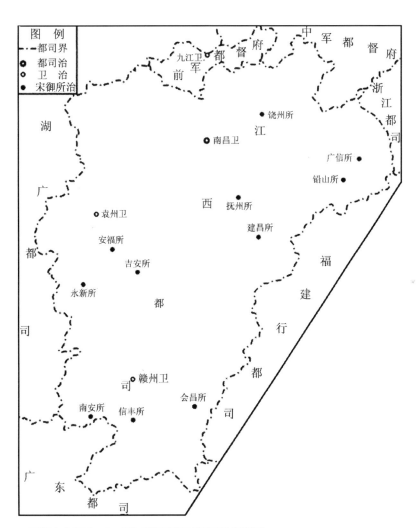

圖例

- ·—· 都司界
- ◎ 都司治
- ○ 衛治
- ● 宋御所治

湖

廣

都

司

廣　東　都　司

九江衛前軍

都　督　府

中　軍　都　督　府

浙　江　都　司

江

西　都　司　行　都　司

福　建

饒州所

南昌衛

广信所

铅山所

抚州所

建昌所

袁州衛

安福所

吉安所

永新所

赣州衛

会昌所

南安所

信丰所

· 正德十六年（1521 年）後江西都司轄區及衛所圖

· 本圖參考郭紅、靳潤成：《中國行政區劃通史‧明代卷》，復旦大學出版社二○○七年版，第 624 頁，圖三十四。

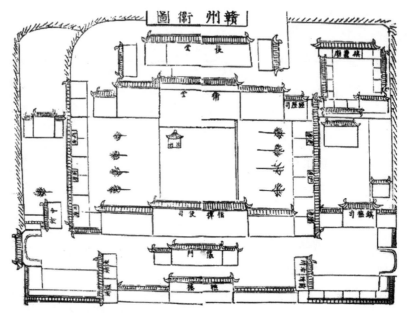

・贛州衛圖，嘉靖《贛州府志》圖一八。

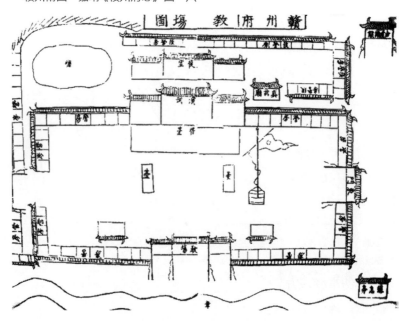

・贛州衛圖，嘉靖《贛州府志》圖一九。

人練兵，一人屯田，曰僉書。巡捕、軍器、漕運、京操、備禦諸雜務，並選充之，否則曰帶俸。

都司雖然說掌「一方之軍政」，但常規事務是掌管軍籍，以及練兵、屯田。雖說隸屬於前軍都督府、聽命於兵部，其考核則由巡撫、巡按進行。由於巡撫江西都御史均提督軍務，所以都司實聽命於巡撫。在七位「堂上官」中，管理日常事務的只有三人，一掌印、一練兵、一屯田，其餘均為「帶俸」，即食祿而不理事。除非被委任以具體的事務，如領兵赴京操、護漕運、捕「盜賊」等，但這些事務均為臨時選派而不固定人員。由於都司的這種地位，故被文官們視為「武吏」。

都司衙門也設有文職首領官：經歷司經歷（正六品）、都事（正七品），掌管文書往來；斷事司斷事（正六品）、副斷事（正七品），掌管刑獄。另有吏目及司獄司司獄（從九品），管理監獄。

各衛設有衛指揮使一人（正三品）、指揮同知二人（從三品）、指揮僉事四人（正四品）、鎮撫司鎮撫二人（從五品），其屬有經歷司經歷（從七品）、知事（正八品），吏目（從九品）及倉大使、副使。七位衛指揮或同知、僉事，真正管事者只有兩人：一掌印、一僉書。其主要職責為屯田、驗軍、營操、巡捕、漕運等，也是「考選其才者充之」，管事者稱「見任管事」，不管事者稱「帶俸差操」。鎮撫的職責則是整頓軍紀、處置軍中違法者。衛指揮一方面聽命於都司，但其考核也與都司一樣，由巡撫、巡按進行。

各守禦千戶所均設正千戶一人（正五品）、副千戶二人（從五品）、鎮撫二人（從六品），其屬只設吏目一人。按明制，每衛之下設五千戶所，每千戶所下轄十百戶所，每百戶所設百戶一人（正六品）、總旗二人、小旗十人。小旗既是軍隊的基本編制，也是這一編制（十人）的頭目。由於上述江西吉安等千戶所均為「守禦千戶所」，這是一些獨立於衛的千戶所，直隸於江西都指揮使司。

明代都司、軍衛兩級，「堂上官」多而管理者少，是由於兩個方面的問題而引起的。

一是軍官的世襲制。明朝繼承了元朝的軍戶制度，一入軍籍，世代為軍，而軍官除了軍功及由武舉得官者，也都是世襲。都指揮與衛指揮的不同處，在於後者直接世襲，而前者須有閱歷，所以《明史・職官志》說到衛指揮，用的是「率世官，或有流官」，而說到都指揮，用的則是「並流官，或得世官」。而從其出身來說，則多為世官。衛指揮官階為正三品，鎮撫也為從五品，但往往是「幼軍」，或實際年齡剛夠入伍，實踐經驗和軍事才能更無從談起，所以均「帶俸差操」，進行鍛鍊。

二是編制的不足額。明制每衛定額五六〇〇人，每千戶所定額一一〇〇人，但實際兵員則遠不足額。萬曆《江西省大志》記載了當時江西都司各衛所的兵員情況，整理列表如下：

衛所名	食糧官	操守旗軍	運糧旗軍	合計
南昌衛	46	1443	2336	3825
袁州衛	38	336	812	1186
贛州衛	56	876	625	1557
吉安千戶所	16	818	1150	1984
安福千戶所	10	554	655	1219
永新千戶所	16	500	426	942
會昌千戶所	10	518		528
信豐千戶所	12	600		612
南安千戶所	12	353		365
饒州千戶所	23	446	807	1276
撫州千戶所	17	389	781	1187
建昌千戶所	20	585	530	1135
廣信千戶所	17	773	563	1353
鉛山千戶所	14	445	506	965
合計	307	8636	9191	18134

資料來源：萬曆《江西省大志》卷五《實書》。

據上表，江西衛所在嘉靖時的官軍總數為一八一三四人，這是當時明朝在江西的常規軍事力量。但這些兵員不足原額的一半，其職責又分成兩大部分，一是駐屯，維護社會治安，二是運糧，往返於江西與通州或淮安之間。也就是說，常規駐軍的一半是用作護送漕糧，維護社會治安的部隊不到一萬人。而且在明朝

的衛所中，官吃軍缺乃是普遍現象，所以這不到一萬人也只是在冊人數，其中不少仍然空缺。據估計，當時的空缺一般在三成左右[56]，如果這一估計適用於江西，則用於維護社會治安、應付突發事件的大約是六千餘人，分駐在全省各地。從國家的養兵政策來看，為了不加重財政負擔，在內地省份有這些兵員也大抵可以應付一般性事件，而一旦發生大的動亂，便顯得捉襟見肘。這就使機動軍事力量成為必要。

作為一個擁有完全主權的政府，明朝對國家的全部軍事力量都可以自由調配，從這個意義上說，全部的兵員都可以是某一特定地區的機動軍事力量。如洪武時，吉安龍泉等地「山寇」與廣東「猺賊」、「互相搧動、結聚徒黨……勢甚猖獗」，江西都司剿捕不力，命申國公鄧鎮等率兵討伐。[57]又如永樂時，新淦縣逃匠雷劍南聚眾拒捕，命都督馬聚會同都指揮劉忠領兵剿捕。[58]值得注意的是，這些軍事行為都不是由江西都司而是由中央臨時任命的將領指揮，他們所統領的軍隊，有從江西都司各衛所抽調而來的，也有從他省衛所中抽調而來的。這就是《明史・兵志》所說的：「兵衛之政，徵調則統於諸將，事平則散歸各衛。」[59]以江西而言，這裡所說的「諸將」既包括江西都司的都指揮使、都指揮同知或僉事，但更多的是由兵部派遣的五軍都督府的都督、都

56　馬文升：《存遠軍以實兵備疏》，《明經世文編》卷六二。
57　《明太祖實錄》卷一五六，洪武十六年八月癸亥。
58　《明太宗實錄》卷二〇八，永樂十七年正月丙寅。
59　《明史》卷九十《兵志二》。

督同知或僉事，乃至侯、伯等勳臣。這些由兵部派遣的將領，開始是有事派出，事畢返回，永樂以後，則往往長駐一地，成為該處的總兵或副將、參將。

洪武三十五年即建文四年八月，「命右軍都督同知韓觀往江西等處操練軍馬、整點城池，廣東都司、福建行都司、湖廣都司軍馬聽其節制」[60]。韓觀成了江西實際上的軍事首腦，不僅可以調動江西都司各衛所的軍隊，也可以調動廣東、福建、湖廣三都司衛所的軍隊，形成四省軍隊的聯防。永樂元年，即韓觀調任廣西總兵之後不久，「命襄城伯李浚充總兵官，錦衣衛指揮陳敬為副總兵，往江西操練軍民，鎮守城池，節制江西都司並護衛官軍」[61]。李浚遂為第一位駐守江西的總兵官。其後，根據形勢的需要，總兵、副將、參將間設。至嘉靖四十三年，定製設參將一人，名曰「南贛參將」，駐會昌縣，下設守備四人、把總六人。[62] 據《明世宗實錄》，先是有會昌參將，後降為守備，嘉靖三十九年，以貴州都司僉書署都指揮僉事谷瑒為參將，改名「南贛參將」，「令其居閩廣湖浙之間，控制諸巢」[63]。

南贛參將既有參將銜，也有以副總兵銜管理參將事務，如俞大猷、張斌均以副總兵銜管理南贛參將事務。[64] 其兵員，起初多

60　《明太宗實錄》卷一一，洪武三十五年八月己未。
61　《明太宗實錄》卷一九，永樂元年四月甲戌。
62　《明史》卷九十《兵志二》。
63　《明世宗實錄》卷四八一，嘉靖三十九年二月乙巳。
64　《明世宗實錄》卷五一〇，嘉靖四十一年六月癸丑；《明神宗實錄》卷三，隆慶六年七月丁亥。

從廣東南雄、韶州、惠州、潮州，福建汀州、漳州，湖廣郴州，廣西桂州及江西撫州、吉安等處征發，但逃亡甚多。嘉靖四十年，採納總督南贛汀漳都御史陸穩的提議，命上述地區按兵員多少輸銀，由南贛參將自行在當地招募鄉民驍勇者充軍。[65]這樣，明朝在江西的軍隊除衛所正軍之外，又有了募兵。

第三節 ▶ 明朝在江西的王府

一 明朝的宗藩問題

秦漢以降，儘管郡縣制已經成為中國地方的基本政治體制[66]，但如何安置好皇子皇孫，卻一直困擾著中國歷代最高統治者。明太祖以布衣得天下，或者比其他任何開國帝王更希望將政權傳之久遠，故而設計了一整套國家制度，讓子孫世代恪守。分封諸王制度，就是整個制度中極其重要的組成部分，但也是給明朝和明代社會造成巨大災難的制度。

明代的分封制始行於洪武三年。當時明太祖有十個兒子，長子朱標已立為太子。經過反覆醞釀，明太祖於這年四月初七日封其餘九子為親王、一位從孫為郡王，「分茅胙土，以藩屏國

65　《明世宗實錄》卷五〇四，嘉靖四十年十二月丁丑。

66　關於歷代政治家對分封與郡縣問題的討論，參見方志遠：《略論西漢初期的分封與削藩》，《南昌職業技術師範學院學報》一九八九年第三期。

家」**67**。整個明朝，實封就藩的親王共四十八位（內太祖諸子 23 王、成祖諸子 2 王、仁宗諸子 5 王、英宗諸子 5 王、憲宗諸子 7 王、世宗諸子 1 王、穆宗諸子 1 王、神宗諸子 4 王），先後發生過大的宗室動亂四次（建文時燕王朱棣、宣德時漢王朱高煦、正德時安化王朱寘鐇及寧王朱宸濠）。

早在洪武九年，山西平遙縣學訓導葉伯巨就上疏指出這一制度的潛在危機：

> 先王之制，大都不過三國之一，上下等差，各有定分，所以強幹弱枝，遏亂源而崇治本耳。今裂土分封，使諸王各有分地，蓋征宋、元孤立，宗室不競之弊。而秦、晉、燕、齊、梁、楚、吳、蜀諸國，無不連邑數十，城郭宮室亞於天子之都，優之以甲兵衛士之盛。臣恐數世之後，尾大不掉，然後削其地而奪之權，則必生觖望，甚者緣間而起，防之無及矣。議者曰，諸王皆天子骨肉，分地雖廣，立法雖侈，豈有抗衡之理？臣竊以為不然。何不觀於漢、晉之事乎？孝景，高帝之孫也，七國諸王，皆景帝之同祖父兄弟子孫也，一削其地，則遽構兵西向。晉之諸王，皆武帝親子孫也，易世之後，迭相攻伐，遂成劉、石之患。由此言之，分封逾制，禍患立生，援古證今，昭昭然矣，此臣所以為太

---

67 《明太祖實錄》卷五一，洪武三年四月乙丑。當時受封的有：次子朱樉為秦王、三子朱棡為晉王、四子朱棣為燕王、五子朱橚為吳王、六子朱楨為楚王、七子朱榑為齊王、八子朱梓為潭王、九子朱杞為趙王、十子朱檀為魯王、從孫朱守謙為靖江王。

過者也。昔賈誼勸漢文帝，盡分諸國之地，空置之以待諸王子孫。向使文帝早從誼言，則必無七國之禍。願及諸王未之國之先，節其都邑之制，減其衛兵，限其疆理，亦以待封諸王之子孫。此制一定，然後諸王有賢且才者入為輔相，其餘世為藩屏，與國同休。割一時之恩，治萬世之利，消天變而安社稷，莫先於此。[68]

葉伯巨的忠告被明太祖視為離間骨肉，將其下獄致死。但事情的發展卻一如伯巨之預言，只是沒有等到「數世之後」。明太祖屍骨未寒，燕王朱棣即起兵南向，開始了長達數年之久的「靖難」之役，並奪取了皇位。作為歷史總結，《明史・諸王傳贊》對這一制度的演變和後果作了如下評述：

封建之不可行於後世也信矣！明太祖建立親藩，大封諸子，方謂枝葉相維，根本益固，乃一傳而有燕王之變，篡奪之禍，起不旋踵。厥後高煦、宸濠逆謀屢動，非所謂最強則最先反者歟。中葉以來，矯枉過正，防閑之峻，至於二王不得相見，省墓請而後許，識者譏焉。降及末季，盜賊充斥，社稷之危，在於呼吸，而起兵勤王者，且援祖制以罪之。諸王之據名城、擁厚貲，束手就戮，所在皆是，其能資捍禦者誰耶？

68 《明史》卷一三九《葉伯巨傳》。

但葉伯巨的奏疏和《明史》編撰者的論贊還只是從國家治亂的角度對明代封藩的危害進行分析，尚未涉及分封對明代國計民生帶來的災難。按明太祖所定制度，繼承皇位者都將自己的嫡長子立為太子，其餘諸子均封為親王。親王分封於各地，名為「就藩」。每位親王的嫡長子均立為世子，其餘諸子為郡王，郡王的嫡長子為世子，其餘為鎮國將軍，以下依次類推，為輔國將軍、奉國將軍、鎮國中尉、輔國中尉、奉國中尉。所有的親王、郡王、將軍都有封地及固定的歲祿，親王萬石、郡王二千石、鎮國將軍千石，以下遞減，至奉國將軍為二百石。此外，皇帝的女兒稱「公主」，其夫為「駙馬」；親王的女兒稱「郡主」、郡王的女兒稱「縣主」、鎮國將軍的女兒稱「郡君」、輔國將軍的女兒稱「縣君」、奉國將軍及中尉的女兒稱「鄉君」，其夫均為「儀賓」，也都有歲俸。公主及駙馬二千石，郡主及儀賓八百石，縣主、郡君及儀賓按二百石遞減，縣君、鄉君及儀賓按百石遞減。[69]年復一年，子孫繁衍，郡王、將軍、諸主、諸君難以計數，給國家財政和人民生活造成難以承受的負擔。嘉靖四十一年，御史林潤在一份奏疏中痛陳：

　　天下之事，極弊而大可慮者，莫甚於宗藩祿廩。天下歲供京師糧四百萬石，而諸府祿米凡八百五十三萬石。以山西言，存留百五十二萬石，而宗祿三百十二萬；以河南言，存留八十四萬三

69　《明史》卷五四《禮志八・嘉禮二》、卷八二《食貨六・俸餉》。

千石，而宗祿百九十二萬。是二省之糧，借令全輸，不足供祿米之半，況吏祿、軍餉皆出其中乎？故自郡王以上，猶得厚享，將軍以上，多不能自存，飢寒困辱，勢所必至，常號呼道路，聚訴有司。守土之臣，每懼生變。夫賦不可增，而宗室日益藩衍，可不為寒心。宜令大臣科道集議於朝，且論諸王以勢窮弊極，不得不通變之意。令戶部會計賦額，以十年為率，通計兵荒蠲免、存留及王府增封之數。共陳善後良策，斷自宸衷，以垂萬世不易之規。[70]

　　國家財政不堪重負，遂不得不作出削減藩俸的決定，郡王、將軍的宗祿七分折鈔、中尉六分折鈔，郡縣主及郡縣鄉君皆八分折鈔，親王們也不得不自行請求減俸。

　　「折鈔」是明朝政府轉嫁財政危機的經常性措施，即將部分俸米折合成紙鈔及蘇木、香料等實物，而鈔的實際價值已降到政府規定價值的百分之一、二乃至千分之一、二，所以折鈔實為減俸。[71]此前各級官員的俸祿已折鈔，故宗祿的折鈔也勢在必行。按明太祖所定制度，為了保持皇族的尊崇地位，同時也表示不與庶民「爭利」，皇家子孫既不得通過科舉出仕，也不得經營農、工、商諸業，完全靠國家支付的歲俸生活。在商品經濟欠發達的

70　《明史》卷八二《食貨六 • 俸餉》。

71　明代官俸之薄，與折俸有很大的關係。關於這一問題，參見杜婉言、方志遠：《中國政治制度通史 • 明代卷》第九章《明朝的人事管理制度》。

明初，藩王及其子孫們從國家領取的歲俸足以維持豪華奢侈的生活。但隨著社會財富的積累和商人階級的興起，他們光靠歲俸已經不可能做「富人」，何況歲俸驟減一半以上。分封在各地的龍子龍孫們坐吃山空，貧困潦倒者多多，只得不斷向中央和地方政府要求救濟，同時欺壓鄉里，魚肉一方。藩王們的「天潢貴胄」，多半是遊手好閒之輩，無法無天、作惡多端、窮奢極欲者，更不乏其人。明清之際魏禧曾謂：

明季天下宗室幾百萬，所在暴橫奸宄，窮困不自賴，為非恣犯法，而南昌寧藩支子孫尤甚。崇禎末，諸宗強猾者，輒結凶黨數十人，各為群，白晝捉人子弟於市，或剝取人衣，或相牽訐訟破人產，行人不敢過其門巷，百姓相命曰「鏖神」。[72]

二　明朝在江西的王府

明朝分封在江西的藩王有三：寧、淮、益。[73]

第一代寧王朱權為明太祖的第十七子，洪武二十四年受封，兩年後就藩大寧。大寧即今內蒙古多倫，在喜峰口外，東連遼左，西接宣府，為當時「巨鎮」，統領邊軍八萬人、兵車六千

---

72 魏禧：《魏叔子文鈔》卷一一。
73 按：另有荊王曾就藩於江西建昌。《明史·諸王傳》載：仁宗第六子瞻堈於永樂二十二年封荊王，宣德四年就藩江西建昌（今南城），因發現宮中有巨蛇而畏懼，明廷於正統十年將其遷往湖廣蘄州，在江西的時間僅十多年。

· 寧王朱權壙志，九十一乘九十一釐米，一九五八年江西新
建朱權墓出土，江西省博物館藏。

輛，其屬蒙古朵顏三衛騎兵皆驍勇善戰。朱權就藩後，曾多次隨
晉王朱棡、燕王朱棣等出塞與蒙古軍隊作戰，時稱「燕王善謀，
寧王善戰」[74]。朱棣「靖難」之初，計賺寧王入北平，所奪大寧
諸軍，成為靖難之役的主力，許以事成之後平分天下。但是，成
祖奪得皇位之後，並沒有也不可能實踐諾言。寧王請徙蘇州、杭

74　谷應泰：《明史紀事本末》，卷四七《宸濠之亂》。按：《明史》卷
　　一一七《諸王傳二·寧獻王權傳》則云：「權數會諸王出塞，以善謀
　　稱。」

州，成祖不允，讓其在福建建寧、四川崇慶、湖廣荆州、山東東昌選擇。經過一番討價還價，最後在永樂元年二月徙封南昌。

建文時期，在齊泰、黃子澄等人的推動下，對各王府進行了種種限制，成為燕王起兵「靖難」的藉口。但奪取皇位之後，明成祖對各王府的限制比建文時期嚴厲得多。寧王徙封南昌，詔即以江西布政司公署為其王府，規制大降，寧王的不滿情緒也溢於言表。但當局有的是辦法迫其就範，寧王身處簷下，只得低頭。[75]「自是日韜晦，構精廬一區，鼓琴讀書其間。」[76]整個永樂時期，寧王不敢再有怨言，但成祖一死，寧王這條在江西的囚龍又開始和北京的真龍較勁。洪熙時，寧王上書重提舊賬，稱南昌非其封國。仁宗裝糊塗：「南昌叔父受之皇考已二十餘年，非封國而何？」[77]向皇帝討公道不果，寧王遂向地方謀實利。宣德時，請乞南昌近郊灌城鄉土田，又對新的宗室政策提出不滿。宣宗沒有其父仁宗的沉穩，卻有祖父成祖的脾氣，下詔嚴責。第一代寧王的氣焰被徹底壓制，地方官痛打落水狗，動輒尋找過失。在此情勢之下，寧王朱權從此不再過問政事，整日求神問仙，自號「臞仙」，日與文人相過從，留下了數十種著述，涉及文學、戲曲、釋老、醫卜、星象、修練等各個方面，為明朝的第一位戲

75　《明史》卷一一七《諸王傳二》載：「永樂元年二月改封南昌，帝親制詩送之。詔即布政司為邸，瓴甋規制無所更。已而人告權巫蠱誹謗。事密，探無驗，得已。」
76　《明史》卷一一七《諸王傳二》。
77　《明史》卷一一七《諸王傳二》。

曲理論家和宗室著名學者，成為其他宗室成員尋找自身價值的楷模。[78]

正統十三年朱權死後，明廷給了他一個安慰性的諡號「獻」。因世子朱盤烒先卒，孫朱奠培嗣，這是第二代寧王，但從寧王世系來說，已是第三代了。朱奠培也是個文學家，但性格怪癖，致使寧府家族內訌迭起、醜聞不斷，又與江西布政司、按察司官多所齟齬，留下笑柄。弘治四年朱奠培死後，諡號為「靖」，其子朱覲鈞繼位，這是第三代寧王（世系第四代）。弘治十年，朱覲鈞去世，諡號為「康」，其子上高王朱宸濠嗣，這是第四代也是最後一位寧王（世系第五代）。共五世四代寧王。[79]

寧府除了四位親王，還有十一位郡王，以及若干位「將軍」。第一代寧王即獻王朱權的諸子分別為臨川王、宜春王、新昌王、信豐王；獻王世子朱盤烒雖然沒有繼承王位而先逝，但他仍有諡號曰「惠」，有四個兒子封為郡王：瑞昌王、樂安王、石城王、弋陽王；第二代寧王即靖王朱奠培有三個兒子封為郡王：上高王、鐘陵王、建安王；共十一府。由於上高王朱覲鈞後來襲封為寧王，其子朱宸濠也由上高王而襲寧王。寧王因「謀反」而國除，故上高王也不再傳。[80]

---

78 詳見第七章第一節。

79 《明史》卷一〇二《諸王世系表三》。

80 按《明孝宗實錄》卷一二六，弘治十年六月己亥條：「寧王覲鈞薨，靖王庶長子，母胡氏。正統十四年生，天順八年封為上高王，弘治五年襲封寧王。」又，卷九三，弘治七年十月條下：「封寧府庶長子鎮國將軍宸濠為上高王。」許懷林教授《江西史稿》（江西高校出版社

朱宸濠起事失敗後，寧府被廢，但各郡王、將軍等則依然享受宗室待遇，文學之士代有傳人。其著名者，如寧王朱權孫石城王朱奠堵一支的鎮國中尉朱謀㙔，學貫歷代百家、通曉當代典故，著有《易象通》、《詩故》、《春秋戴記魯論箋》等書共一百多種，皆手自繕寫。在明代各藩王子孫中，「好學敦行，自周藩中尉睦㮮而外，莫及謀㙔者。」子八人皆篤學好文。又弋陽王朱奠壏一支的奉國將軍朱多炡，穎敏善詩歌，曾更改姓名出遊，蹤跡遍吳楚，晚年病羸，猶不廢吟誦。死後門人私諡曰「清敏先生」。子亦有父風，與宗室同好沉湎於詩文美酒之中。

第一代淮王朱瞻墺是仁宗的第七個兒子，永樂二十二年仁宗即位後封，宣德四年就藩廣東韶州。正統元年，因韶州「多瘴癘」而徙藩江西饒州府城鄱陽。這一支朱氏宗室在江西共八世九代為王：靖王瞻墺、康王祁銓、定王祐棨（按：康王世子見濂先亡無子，此為其弟清江端裕王之子）、莊王祐楑（按：定王無子，此為其弟）、憲王厚燾、恭王載圳、順王載堅（按：恭王一子

1993 年版）第 470 頁說：「朱權五子，嫡長子繼承寧王位，其餘庶子封為郡王，即臨川王、宜春王、新昌王、信豐王。第二代寧王的庶子四個，分別封為瑞昌、樂安、石城、戈陽王。第三代寧王的庶子有二個，封鐘陵、建安王。第四代寧王即宸濠。」由於忽略了第一代寧王朱權死時，世子盤烒已先卒，繼承正位的其孫奠培，即寧靖王，這才是第二代寧王，按世系則為第三代，所以，許教授誤將瑞昌等四王誤認為是靖王庶子（實為惠王即盤烒之子），而將鐘陵等二王誤以為康王庶子（實為靖王即奠培之子），作為第三代甯王的康王觀鈞，其子宸濠初為上高王，後襲位寧王，這才是第四代寧王，如按世系，則為第五代。

先亡，此為其弟）、王翊鉅、王常清。郡王則有鄱陽、永豐、清江、南康、德興、順昌、崇安、高安、上饒、吉安、廣信、嘉興、紹興、金華、華容、榮昌十六府。[81]

第一代益王朱祐檳為憲宗第六子，弘治八年就藩江西建昌府城南城。[82]益王一支在江西共繼承了六世六王：端王祐檳、莊王厚燁、恭王厚炫（按：莊王無子，此為其弟，先封崇仁王）、宣王翊鈏（按：恭王子載增先亡，此為載增之子）、敬王常㳦、定王由本。益王府人丁興旺，雖然只有六世，受封的郡王竟有二十七府：金溪、玉山、安東、舒城、阜平、銅陵、黎丘、浦陽、淳河、華山、筠溪、羅川、安仁、德化、德安、鄖西、豐城、瀘溪、峽江、安義、新建、奉新、仁化、興安、和順、永寧、嘉祥。[83]這在整個明代藩府中也是少見的。

據嘉靖《江西省大志》記載，淮、益二王府及寧、淮、益三府各郡王、將軍、中尉及其妃嬪夫人等，至嘉靖時已有三八八位，全年該支銀九〇〇二一兩；各府庶人、庶女（即廢除爵位者）等一二一位，全年該支銀三三六八兩；各府郡主、縣主、縣君、鄉君及其儀嬪等二四七位，全年該支銀一八三七二兩。以上三項共計十一萬餘兩，為嘉靖時江西地方財政必須支付給藩府的

81　《明史》卷一〇三《諸王世系表四》。
82　南城益王諸墓多數被盜，一九四九年以後陸續由考古工作者進行清理發掘，所得文物仍很豐富，能讓我們更具體地看到藩王們生活的豪奢程度。墓葬發掘報告，分別見於《文物》一九五九年第一期、一九七三年第三期、一九八二年第八期和一九八三年第二期。
83　《明史》卷一〇四《諸王世系表五》。

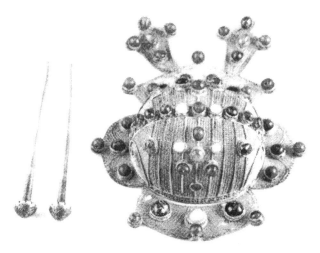

· 嵌珠寶金冠，一九五八年江西南城益莊王朱厚燁妃萬氏棺出土。

固定年俸，而其餘臨時性開支及補助，不在此內。[84]

　　按明朝的宗藩制度，凡皇室，無論是皇帝還是親王、郡王或將軍人等，每生一個兒子或女兒，都意味著要建立一個等級不同的小朝廷或大家庭；而每封一藩，便是將此小朝廷或大家庭的財政負擔推給各級地方官府，官府便須根據國家規定的標準支付開支，這些開支自然都是落在當地的民眾身上。所以，封藩越多，民眾的負擔也就越重。江西各藩，寧、淮、益三親王府的歲祿由江西省財政負擔，臨川、宜春、吉安、廣信、嘉興、紹興各郡王府並不真正在郡名所在地，但其歲祿卻必須由這些地區承擔。所以，除了江西財政，江西藩王府的部分歲祿其實還要由浙江（如

嘉興、紹興）、安徽（如舒城、銅陵）、湖南（如華容）、湖北（如鄖西）等省支付。

宗室既是明朝國家的負擔，也是省、府、縣主要是民眾的負擔。隨著宗室成員的越來越多，國家、地方和民眾也越來越不堪重負，這就發生了上文所說的折色減俸之舉。國家既然可以採用變通之法，而且這些分封在各地的龍子龍孫早已是「困龍」、「囚龍」，所以地方官府並不真正將他們放在眼裡，拖欠宗祿之事也就在所難免。萬曆三十年，江西各藩一千多人集結省城南昌，要求補發拖欠宗祿。雖然皇家的體面蕩然無存，江西布政司卻不得不在朝廷的壓力下以存積銀十三萬兩補償。[85]

淮藩在江西，劣跡斑斑。其尤者如第三代淮王朱祐楑，遊戲無度，「左右倚勢橫暴，境內苦之」，又與當地官府及寧王府相齟齬。[86]歷代益王雖說是「自奉節儉」，於

・玉香筒，高十五釐米，直徑三釐米，一九八二年江西南城益定王朱由木墓出土。

85 雍正《江西通志》卷五八《名宦二・陸長庚傳》：「陸長庚字符白，號津陽，平湖人。萬曆進士，累官湖南道。（萬曆）三十年進江西右布政使，轉左。時宗祿不給，宗屬千餘人噪於衢，兩台束手，長庚出存積銀十三萬補之。」

86 《明史》卷一一九《諸王傳四》。

民「無所侵擾」，但子孫繁衍，開支巨大，宣王翊鈏又好結賓客，府藏悉空，其搜刮民財，自不可免。但對江西社會造成巨大破壞的，還得說是寧藩。

三 寧王兵變及其失敗

寧王兵變是明代政治史上的一件大事，不僅使江西北部及湖北、南直隸的部分地區捲入戰亂，其間接影響，則導致了明武宗的去世和世宗繼位，客觀上推動了嘉靖朝的政治改革。

由於朱宸濠後來成為失敗者，故《明史》根據明代的官方文書對其出身和人格進行了惡意描述：「其母故娼也。始生，靖王（按：指其祖二代寧王朱奠培）夢蛇唊其室，旦日，鴟鳴，惡之。及長，輕佻無威儀，而善以文行自飾。」[87]因其生母的原因而使靖王厭惡朱宸濠，或為事實；靖王做夢云云，則多是附會。江西是文學之邦，寧王府又以學問相傳，朱宸濠自幼耳聞目染，喜好文學，也十分自然，未必就是「自飾」。言其「輕佻無威儀」，或許應該是禮賢下士。

歷代野心家初萌異志時，常受文人術士的策動。唐玄宗時安祿山起兵，是受落魄文人高尚、嚴莊的挑唆；宋太祖趙匡胤陳橋兵變，也有趙光義、趙普等人策劃。明太祖出兵與陳友諒決戰時，有江西術士張中、周顛為其預測吉凶。而燕王朱棣起兵前，既有姚廣孝出謀劃策，聲稱要在其王位上送一頂白帽子，又有術

．小說中正德皇帝與寧王的形象見於《大明正德皇游江南傳》，《古本小說集成》本。

士袁忠徹相面預測，贊其龍行虎步，有帝王之相。由於有大寧鐵騎的凶悍善戰，朱棣奪取了皇位。但成祖→仁宗→宣宗→英宗→憲宗→孝宗→武宗這一支帝系實是欠了寧王一家的宿債。

朱宸濠於弘治十年繼王位。弘治時，朱宸濠給人的印象大抵是「賢王」類：上敬朝廷、下禮文士、善待官府、文名頗著，如果明朝中央不出問題，朱宸濠可能就此以文學了結一生。但武宗朱厚照行事荒唐，朝政日非；宦官劉瑾專權，政局動盪。[88]朱宸濠身邊，又有一些無行文人推波助瀾，術士李自然、李日芳更稱朱宸濠有異相，當為天子，又說南昌城東南有天子氣。這些，不由得朱宸濠不想入非非，認為替祖宗討還宿債、為自己奪取皇位

88　關於正德朝的時局和武宗的作為，李洵先生在《正德皇帝大傳》（遼寧教育出版社 1993 年版）有精湛的敘述和分析。

的時機成熟了。從另外一個角度說，朱棣一支的皇位本來就是從朱標一支奪來的，那麼，朱宸濠以其人之道還治其人之後，也並沒有太多值得指責的。

為了奪取皇位，朱宸濠進行了多方面的準備。首先是結納當道、排除異己。當權宦官劉瑾、張雄、張銳，南京守備太監劉琅、江西鎮守太監畢真，武宗寵臣錢寧、臧賢，兵部尚書陸完，乃至大學士楊廷和、巡撫南贛都御史王守仁，朱宸濠都傾心結交，或者收為黨羽，至少不能成為其行事的障礙。對於那些公開作對的官員，如江西籍大學士費宏、巡撫江西都御史俞諫、江西按察副使胡世寧及布政使張嵿等，則千方百計進行打擊。

其次是集結軍隊、招納亡命。按明太祖定制，親王府均有護衛，既是王府的衛隊，也可在朝廷發生「奸臣」亂政時起兵「靖難」。成祖起兵「靖難」時，燕府護衛實為中堅力量，而名將張玉、朱能也都出自燕山護衛。寧府本有護衛，天順時革除為南昌左衛。正德時，朱宸濠先是賄賂劉瑾，後是買通陸完和錢寧，兩次恢復了護衛。又收買江西各處亡命之徒及鄱陽湖「水寇」，作為核心武裝。並遣人往廣東購買皮帳、製作皮甲，又命工匠學造佛郎機銃，日夜造作不息。

其三是收斂錢財、儲備糧餉。王府及各郡王、將軍、郡主、縣主等，均有宗祿，但這些只能支付日常的消費，要為結納當道特別是為起兵提供經濟保障，就必須擴大財源。為此，朱宸濠買通權，得到了南昌的一個河泊所，徵收商業稅；又利用「水寇」凌十八、閔廿四、楊清等人的武裝，劫奪軍餉商貨民財；南昌周邊的民田及淮府莊田，也多為寧府侵占。

寧王府的動靜通過各種渠道傳到北京。御史蕭淮上疏，建議朝廷及早進行處置，將朱宸濠逮捕進京。疏云：

宸濠不遵祖訓，凌轢官府，虐害忠貞，招納亡命，掠殺亡辜者數百人，沒富民資產萬數，西山牧馬幾萬匹，南康私船亦有千艘，酷虐遍於江西，而流毒及於他省。所遣旗校及內使，接踵京師，或潛住終年，不知所營何事。且群奸為之黨者，如致仕都御史李士實，儀賓顧官祥，指揮葛江、王信，引禮丁瓚，內使陳賢、壽山、熊壽、涂欽、梁偉，義官倪慶、盧孔章、徐紀、趙七、謝培省，祭官黃海、秦梁，舍人李顯忠，校尉查五、火信，樂工秦榮，皆入府晝夜密謀。又招致建昌賊首凌十一、閔廿四等以為羽翼。不早制之，臣恐將來之患，有不可勝言者。乞敕錦衣衛逮其黨至京誅之，其潛住京師者，緝捕重治。所占田產，皆給還軍民，仍革其護衛，一裁以法。鎮守太監畢真同惡相濟，巡撫都御史孫燧、巡按御史林潮不能糾正，又為獻諛，宜究其罪。原任江西副使李夢陽，僉事李淳、王奎，參政白金、參議王泰，附勢助虐，宜削奪其官為民。左布政使鄭岳、充軍副使胡世寧，因忤濠得罪者，宜急起用。[89]

從這份奏疏所說的內容看，明廷實際上已經掌握了寧府的不

89 《明武宗實錄》卷一七四，正德十四年五月丙辰。

少動態。但由於此前已有安化王事件[90]，故當權者並不願擴大事端，只希望消弭於未然，故只遣太監賴義、駙馬都尉崔元、都御史顏頤壽赴南昌告諭，使寧王有所收斂。由大學士楊廷和等人起草、以正德皇帝名義發出的敕旨警告說：「朕念至親，且不深究。然隱忍不言，彼此懷疑，亦非兩全之道。」因而要求寧王：「原革護衛並屯田獻還，所奪官民田土亦皆復其故主。賊首如凌十一等及其黨散遣歸鄉，諸撥置者俱不許在府出入。朕亦俯從寬典，並不深究，則朝廷與宗室兩盡其道，永享太平之福。」[91]從北京到南昌本來應該由運河——長江——鄱陽湖水路，但賴義等人顯然沒太在意這樁差事，過長江後，竟然繼續由運河繞道杭州往江西。結果，五月二十二日奉旨離京，七月十五日才到浙江嚴州，整整花費了近兩個月的時間。而此時，寧王起兵已有一個月。[92]

正如御史蕭淮所說，寧府有多人長期潛居京師，其目就是攏絡權貴、刺探情報。所以蕭淮一上疏、賴義等剛奉旨，負責在京

90　按：安化王朱寘鐇為明太祖第十六子慶王朱㮵的曾孫，正德五年起兵，參見《明史・諸王傳二》。有意思的是，安化王之亂，也與術士的策動有關。《明史紀事本末》卷四四《寘鐇之叛》記：「時劉瑾擅權，毒流天下。寘鐇索有逆謀，與寧夏衛生員孫景文、孟彬往來甚密。覡王九兒降鸚鵡神，妄言禍福，每見寘鐇，輒呼『老天子』，寘鐇益懷不軌。」

91　《明武宗實錄》卷一七四，正德十四年五月丙辰。

92　《明武宗實錄》卷一七六，正德十四年七月丙午條：「太監賴義、駙馬都尉崔元、都御史顏頤壽行至浙江嚴州，聞宸濠兵起，不致命而還。」

打探消息的寧府間諜林華便已得曉。但他只知道有御史上疏，建議朝廷重懲寧府，卻不知內閣最後擬旨只是革除護衛。賴義一行奉旨出京，北京街頭議論紛紛，都說要將寧王押解赴京，林華也信以為真。他只用了二十天的時間，搶在朝廷使者之前趕回南昌，向寧王報告了他在北京得到的並不準確的情報。這天是正德十四年六月十三日，正好是朱宸濠四十三歲生日，寧王府正宴請駐南昌的鎮守、巡撫及三司官員。所謂做賊心虛，聽說使者中有駙馬都尉崔元，朱宸濠大驚。因為明朝開國以來有一慣例，即只有對犯罪宗室抄解家屬時，才派遣駙馬。

經過與李士實等人的緊急策劃，六月十四日，寧王乘江西鎮、巡及三司官員至王府回謝時，將其全部控制，宣稱正德皇帝乃民家子，被宦官李廣抱入皇宮，偽稱柏妃之子，騙了孝宗皇帝，致使太祖太宗不得血食十四年，今奉太後密旨起兵入朝，要求所有江西官員聽從調遣。除巡撫江西都御史孫燧、江西按察副使許逵誓死不從被殺，公差主事馬思聰、布政司參議黃宏絕食而死外，其餘鎮守太監王弘，巡按御史王金，主事金山，江西布政使梁宸、胡濂，參政王綸、季 、劉斐、程杲，參議楊學禮、許效濂，江西按察使楊璋，副使唐錦、賀銳，僉事師夔、潘鵬、賴鳳，江西都司都指揮許清、馬驥、白昂、郟文等，凡中央派駐南昌及在昌的江西三司長官，盡皆「從逆」，王綸更成了寧王的「兵部尚書」，地位僅在李士實、劉養正之下。

儘管朱宸濠為發動兵變作了長期的準備，但事實上當時並不具備進行一場改代不換朝的戰爭的條件。

從總體型勢來看，儘管武宗行事荒唐，但並沒有觸動國家的

大政方針；內閣楊廷和等人老成練達，具有控制全局的威望和能力，兵部尚書王瓊老謀深算、對各地形勢瞭如指掌，他們在國家發生變故時總能從容應對；雖然在對蒙古的戰爭中一直處於守勢，但經過武宗改制的禁軍仍然是全國最精銳的部隊。特別是經過一個半世紀的統治，明朝的根基已經十分穩定，北京政府已經為全國民眾和士大夫所認同，所以雖然正德時在河北、四川、江西等地發生過規模較大的流民起義，也有過寧夏的安化王起兵，但都沒有得到多少的響應，說明民心思定，沒有動盪的社會基礎。

反觀寧府，儘管不少文官、宦官、佞幸接受了寧王的賄賂，並幫助他恢復了護衛，但並不意味著他們甘冒滅族的風險去幫助寧王奪取皇位；儘管恢復了護衛，又網羅了不少「水寇」、「山賊」之類的武裝，但後來的事實證明，這支部隊的戰鬥力極其有限，與當年成祖起兵時的燕山諸衛特別是大寧鐵騎不可同日而語；儘管術士們稱「帝星」在南昌，寧王自己也頗為自負，但他與當年曾經指揮千軍萬馬與蒙古人周旋的燕王根本不能相提並論；當年成祖起兵之時，一方面有北京為根本，又得到大寧各衛相助，北方無後顧之憂，而寧王的身後，卻有足以致其於死地、身處上游的巡撫南贛都御史王守仁。特別是寧王所在的江西，也與自古以來盛產燕趙豪俠之士的北京不同，這裡從來就沒有形成過獨立的政治力量，秦漢一統以後，一直是全國最穩定的省區之一；中國以農為本的經濟格局，適應江西的地理環境；唐宋以來科舉取士的選舉制度，更給了江西士人參政的機會。因此，絕大多數江西士人寧願按正常途徑進入仕途，也不願意鋌而走險以求

無妄之福。所以，圍繞寧府問題發生的以下事實就不足為怪了：一直對寧王朱宸濠持有警惕態度並採取有效措施扼制其勢力發展的是江西鉛山士人、大學士費宏；全面揭露朱宸濠的「反狀」，請求朝廷及早採取措施的是江西南昌士人、給事中熊浹。朱宸濠起兵後，最先作出反應並領兵討伐的是以南贛汀漳巡撫王守仁為首的江西官員，而支持者仍是江西士人。王守仁在豐城得知朱宸濠起兵，他既不趕赴贛州、南安調兵，也不就在豐城布防，而是急馳吉安，在吉安組織地方武裝，直攻南昌。其原因不僅僅是吉安離南昌較近，而且因為吉安士人有科舉入仕的傳統，對背叛朝廷的人和事有同仇敵愾之心。

儘管寧王為起兵事作了長期的準備，但具體到六月十四日起事，卻仍屬倉促行事。寧王於十三日得到林華關於朝廷動態的消息，十四日趁江西各官答謝之機將其一網打盡，應該說是一個好的時機。但這天的起事卻使一人漏網，這就是巡撫南贛都御史王守仁。王守仁六月九日離開贛州，擬於十三日到南昌為寧王賀壽後赴福建，處置兵變事務，但卻因為各種原因未能趕上，十五日到了距南昌六十里的豐城，聞變後立即返舟赴臨江。如果不是這一變故，王守仁的結局也只有兩個：被殺或從逆。那麼，寧王兵變或許會發展為更大規模的戰亂。[93]當然，歷史研究往往是事後諸葛亮，都是在一切成為定局之後分析其成因敗果，而歷史的進程卻往往為一些偶然因素所決定。

93　參見方志遠：《陽明史事三題》，《江西師範大學學報》二〇〇三年第四期。

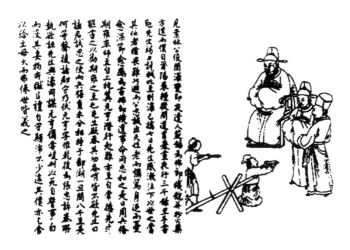

· 致仕江西巡撫林俊遣人送王陽明佛朗機圖
· 見於鄒守益《王陽明先生圖譜》,《北京圖書館藏珍本年譜叢
　刊》,北京圖書館出版社一九九九年。

　　當時的事態進程是:王守仁在豐城聞變後,擺脫寧王的追
捕,經臨江、峽江,赴吉安,並在吉安集結力量。七月一日,寧
王留下兒子宜春王朱拱橷和王府宦官萬銳等人守南昌,自己領兵
順贛江而下,出鄱陽湖,直攻安慶。七月十五日,王守仁和吉安
知府伍文定領兵進駐樟樹,臨江知府戴德孺、袁州知府徐璉、贛
州知府邢珣、都指揮佘恩、瑞州通判胡堯元、撫州通判鄒琥、浙
江安吉通判談諸、新淦知縣李美、泰和知縣李楫、萬安知縣王
冕、寧都知縣王天興等,一齊領兵來會。十九日深夜,伍文定兵
臨南昌城下。二十日凌晨,王守仁命令攻城,並於當天上午占領
南昌。寧王聞訊,棄攻安慶,回救南昌,並於七月二十四日與王
守仁部相遇於距南昌三十餘里的黃家渡贛江江面,大敗,退守樵
舍。二十六日,寧王在樵舍兵敗被俘。

從正德十四年六月十四日起事，到七月二十六日被俘，朱宸濠苦心經營了十多年的皇帝夢，在短短的四十天裡便煙消雲散了。但是，這場為時僅四十天的鬧劇，卻使江西主要是南昌及其附近地區遭受了浩劫：先是朱宸濠長年累月的搜刮和戰時的徵調，再是王守仁部攻占南昌後雖有禁令卻仍然發生了的燒殺劫掠，最後是明朝邊兵和京軍在南昌將近半年的肆意騷擾。[94]寧王兵敗後，明中央政府加強了對各地藩王的管理，江西各王狀況大不如前，可謂噤若寒蟬。

據載，朱宸濠起事之初，其妃婁氏曾多次泣諫勸阻，寧王不聽從，及至兵敗被擒才嘆曰：「昔紂用婦言亡，我以不用婦言亡，悔何及！」[95]

婁妃為上饒名儒婁諒的孫女。[96]朱宸濠敗後，婁氏家族皆受株連，婁諒的著述也因此失傳。婁妃之妹，嫁與鉛山費采。費采堂兄費宏，時為戶部尚書，兼文淵閣大學士參與機務。朱宸濠因此希求費宏援助，遭其拒絕後遂指使黨羽彈劾費宏，致使費氏兄弟罷官歸家；又遣人燒燬費宏坐船，並派人攻打費氏家族，掘其

94　有關宸濠及相關事，見谷應泰《明史紀事本末》卷四七《宸濠之叛》、《明史》卷一一七《諸王傳二》及《明武宗實錄》正德十四、五年間的記載。另見方志遠《曠世大儒——王陽明傳》第六章《處變不驚》（河北人民出版社 2000 年版）。

95　《明史》卷一一七《諸王傳二》。

96　按：《明史》卷二八三《婁諒傳》稱：「女為寧王宸濠妃，有賢聲，嘗勸王毋反。」有誤。一九八六年上饒縣出土婁性墓誌一方，得知婁妃父為婁性，婁性父為婁諒。參考陳定榮、林友鶴《婁妃之父辨》，《江西師範大學學報》一九九一年第一期。

祖墳。朱宸濠凶殘暴戾，決非婁妃所能諫止得了的。婁妃於朱宸濠事敗後，自沉黃家渡江中。有南昌人敬其賢烈，收婁妃屍葬於德勝門外隆興觀側。乾隆初年，江西布政使彭家屏修繕該墓，並題寫墓碑。「乾隆三大家」之一、鉛山蔣士銓還以婁妃為題材，編寫了《一片石》、《第二碑》兩種傳奇，讚美她的賢能，痛惜其不幸。

第四節 ▶ 明代江西的賦稅與地方財政體制改革

一　江西稅糧的定額與漕糧的運輸

田賦予浮糧

稅收是國家權力的表現，也是國家存在的基礎。明政府財政收入的主要來源依次是田賦、鹽稅與關稅。

自楊炎作兩稅法，簡而易行，歷代相沿，至明不改。明代田賦的種類，原則上沿襲兩稅名目，按田畝徵收「夏稅」和「秋糧」兩種，但兩稅名目繁多且有所變化，謂米麥為本色，而諸折納稅糧者謂之折色。洪武時夏稅為米麥、錢鈔、絹，秋糧為米、錢鈔、絹。弘治時，夏稅為大小米麥、麥荍、稅絲、絲綿折絹、本色絲、農桑絲折絹、棉花折布、稅鈔、絹、折色絲等，秋糧曰米、租鈔、賃鈔、租絲、租絹、租粗麻布、課程棉布、租苧布、魚課米、改科絲折米等。萬曆時大略以米麥為主，而絲絹與鈔次之。夏稅之米唯江西、湖廣、廣東、廣西，麥荍唯貴州，農桑絲

遍天下，唯不及川、廣、雲、貴，餘各視其地產。[97]至於納稅時間，「夏稅無過八月，秋糧無過明年二月」。

明初定天下官、民田賦：「凡官田畝稅五升三合，民田減二升，重租田八升五合五勺，沒官田一斗二升。」[98]而實際上各地的徵收則例參差不齊，輕重懸殊，南昌、瑞州、袁州三府則為重賦之區。永樂初，江西給事中朱肇奏江西十三府官田租重十倍民田：「乞於官田折收布，民田輸米，以蘇貧民。」[99]而江西民田的賦額，在全國也是居高不下。以萬安縣為例，洪武二十四年，民田「每畝科米一斗」，民地民山「每畝科米俱一升」，民塘「每畝科米五升」[100]。

洪武至嘉靖初，江西兩稅數量變化不大，基本維持在米糧二六〇萬石上下，參見下表。

・表 1-3 明洪武至嘉靖年間江西兩稅數量統計

時間	官民田地山塘	夏稅米麥（石）	秋糧米（石）	農桑絲（斤）	折絹（匹）
洪武間	392520 頃 62 畝餘	82061 餘	2535908 餘	4049 餘	3239 餘

97　《明史》卷七八《食貨二・賦役》。
98　《明史》卷七八《食貨二・賦役》。
99　《明太宗實錄》卷三一，永樂二年十月辛未。
100 同治《萬安縣誌》卷四《食貨志・田賦》。

弘治間	399270 頃 13 畝餘	86600 餘	2560270 餘	3970 餘	3175 餘
嘉靖初	398566 頃 35 畝餘	82965 餘	2576888 餘	4264 餘	3411 餘

據嘉靖《江西省大志·賦書》載，嘉靖三十八年以前，江西徵收賦稅的具體項目有：

戶口——以戶口為準而征的鹽銷銀。門攤、商稅附於此。

起運（指本色）——如夏稅農桑絲、秋糧兌淮，南京倉米，南北棉、苧布。

折色——如夏稅京庫，秋糧過湖帶江、兌折，京庫，顏料米銀，南北布米。

存留（本色、折色）——如夏稅、秋糧，各王府祿米，三司俸糧，庶人儀嬪祿糧，府縣學倉米。

額辦——如薦新茶芽，南北藥材，弓箭、弦條、神器、軍器，襖、褲、鞋等項，系額之數，解送至部。

歲辦——如野味、翎毛、皮張等項，俱歲定之數，解送京師。

歲派——如各部物料，並典白臘銀，每歲定派之數，解送京師。

雜辦——如曆日、紙張等銀，解布政司支用者及春秋祭祀等項，俱為府縣公費。

以上八種名目，可分為兩大類，一類依繳納方式區分，一類

依征派部門區分。除米糧、布帛、銀錢三大項之外，江西每年還要上交其他許多農產品。其中幾個基本稅額是：全省夏稅米、麥共八八〇五九石餘，秋糧官民米二五二八四五八石餘。其中官米六十五萬餘石，民米一八七萬餘石。課程中，按戶丁徵鹽銷銀無閏月共一四九一四兩餘，有閏月共一六一二三兩餘。門攤、商稅共銀六四四八兩餘。魚課銀八四四兩餘。

明代江西以只有全國十五分之一到二十分之一的田地，承擔著全國約十分之一的田賦，每畝平均田糧額較全國平均米麥數高出近三升（見下表）。[101]

・表1-4　明洪武至萬曆年間江西田賦數量統計

時間	洪武廿六年（1393）			弘治十五年（1502）			萬曆六年（1578）		
	田地（畝）	米麥（石）	畝均	田地（畝）	米麥（石）	畝均	田地（畝）	米麥（石）	畝均
全國	850762368	29442350	3.46	622805881	26792260	4.30	701397628	26638414	3.80
江西	43118600	2664306	6.18	40235247	2615906	6.50	40115127	2616342	6.52

在江西各府中，按負擔田賦的多少排序，依次為南昌、吉安、撫州、臨江、袁州、瑞州、饒州、廣信、建昌、南康、贛州、九江與南安。各府的田賦數量相差也很大，最高的南昌府與

101 萬曆《明會典》卷二四、二五《戶部・稅糧》。

最低的南安府之間，相差約二十五倍（見下表）。[102]

· 表 1-5 明代江西各府田賦數量統計

府名	天順間（石）	崇禎間（石）
南昌府	500000	482800
吉安府	440000	447638
撫州府	310000	308800
臨江府	230000	330000
袁州府	230000	238900
瑞州府	225000	225000
饒州府	213000	262600
廣信府	133000	143960
建昌府	100000	100000
南康府	70000	82680
贛州府	70000	71000
九江府	40000	50200
南安府	20000	28015
合計	2581000	2771593

　　明代南昌、瑞州、袁州三府為重賦地區，存在「浮糧」問題。元末農民大起義以後，江西曾經是陳友諒漢政權統治地區，

102 李賢等：《大明一統志》，卷四九—五八《江西布政使司》。

尤其是南、瑞、袁三府為其管轄的時間更久。陳友諒地少兵多，為應戰爭所需，在此三府加徵軍糧。明太祖滅陳友諒，以此三地「冥然為漁家子抗拒，是以忿不減賦」，即在元代原額田賦的基礎上再加以陳友諒多徵的軍糧。南昌府八州縣中，唯武寧為陳友諒鄉里而未徵軍糧，明朝仍照元朝舊額徵收。據清初官員的計算，明代南、瑞、袁三府的浮糧，合計加徵浮銀三三一一九○兩餘，加徵浮糧二一一四○七石餘，多徵部分是原額的一倍以上。江西南、瑞、袁重賦予江南重賦有相似之處，即大抵為陳友諒占領時所加徵的田賦，而一旦加了上去，政府為了保證稅收則難以減免。但江南的重賦問題一直受到朝野高度關注，被稱為「獨重」，建文帝時曾予減少，宣德、正統時江西籍官員況鐘、周忱專門為此事呼籲努力，並得到部分解決；而南昌等三府的浮糧，終明之世，在朝廷上卻未見有人提起。

漕糧與漕運

明代定都金陵，以地近江淮穀倉，水路四通八達，故洪武、建文時稅糧京運的問題不大。永樂以後，北京的重要性與日俱增，糧食及其他物資的供應壓力日益擴大。會通河河運的成功，宣告河漕時期的開始與海運時代的結束。河運的運法經歷了幾次改變，「初支運，次兌運、支運相參，至支運悉變為長運而制定」[103]。

江西是漕糧的主要供應地之一，洪武元年，明太祖曾即「命

---

103 《明史》卷七九《食貨三・漕運》。

浙江、江西及蘇州等九府，運糧三百萬石於汴梁」[104]，供應北伐大軍，以後江西都要運糧至北方。明前期行支運法時，「江西、湖廣、浙江民運糧至淮安倉，分遣官軍就近挽運」[105]。中期行長運法後，大大加大了運軍的負擔。

至於江西漕糧的數額，據嘉靖《江西通志》卷二四載，江西全省合計漕船運米四十萬石。據《漕船志》卷三《船數》及《通漕類編》卷二，江西把總[106]所屬的各衛所年轉運漕糧三十萬餘石。另據《通糧廳志・漕政志・漕額》，江西漕額除兌運米四十萬石外，尚有改兌米十七萬石。也就是說，江西漕糧總額超出江西運軍載運量約二十七萬石，超出部分據《漕運通志》載：

江西都司一十一衛所，止有旗軍九千七百九十四名，淺船八百六十六隻，該運兌改正糧三十萬六百九十五石三斗九升。其餘正糧二十六萬九千三百四石六斗一升，該用船八百餘隻，用軍八千餘名。為因江西無軍可撥，遞年添撥南京、湖廣、江南、直隸四總軍船領兌。[107]

可知江西因為軍少糧多，不得不依賴其他把總軍船的支援，

104 《明史》卷七九《食貨三・漕運》。
105 《明史》卷七九《食貨三・漕運》。
106 江西把總下設南昌、袁州、贛州三衛，吉安、安福、永新、建昌、撫州、鉛山、饒州八所。
107 嘉靖《漕運通志》卷八《漕例略》，《四庫全書存目叢書》本。

亦可見衛所軍隊與漕運的密切關係。明代江西運軍主要出自衛所的屯軍。據嘉靖《江西通志》、《通漕類編》及萬曆《江西省大志》，屯軍數量在一一五〇〇名左右。

至於江西的漕船數量，嘉靖《江西通志》卷二四記全省合計漕船八六六只，《漕船志》卷三《船數》則記八九九只。當然，這一數字當指軍船，由於軍運與民運的並行和交互舉行，民船的數字實際上無法知道。不同的數字說明漕船的數量前後有所變化。《漕運通志》卷八《漕例略》指出，九江衛在弘治初有船一五五艘，弘治七年增派三十五艘，共湊足一九〇艘。值得注意的是，寧王朱宸濠兵變對江西漕船數量的增減有一定的影響。據乾隆《袁州府志・屯運》及康熙《宜春縣誌・兵衛》，袁州衛明初有船一百艘，正德間宸濠之亂，分撥南昌衛漕船二十艘到衛，總數遂達一二〇艘。由於船多累軍，萬曆間屢控司院，請求將南昌衛撥來船隻儘數撥回，奉批僅撥回十艘，尚存一一〇艘。安福所原額四十二艘，宸濠之亂時增至六十二艘，後因武弁「利艘多，索常例，因循未返」[108]。

漕船三年小修，六年大修，十年更造。每船裝米正耗合計四七二石，後因漕船減少，一船有裝至七、八百石。[109]江西使用的漕船主要是四百料淺船，因漕船要涉歷長江，故必須特別堅固，比別處為大。萬曆元年，督漕參政潘允端曾以湖廣、江西漕船

---

108 伍承載：《恤軍救民疏》，同治《安福縣誌》卷一六《藝文》。
109 《明史》卷七九《食貨三・漕運》。

· 漕船圖，《天工開物》卷中《舟車》。

「深大堅固，二船可抵三船」，建議以此標準改造他省漕船，以節省造船經費。[110]這種四百料淺船船式後來遭到運軍破壞，江西、湖廣船式的破壞較之他省更甚。天啟六年，戶部尚書郭允厚說：「浙、直、江、廣船之廣狹同而載米之多寡異，此皆為私貨地也」，要將江、廣船「比照浙、直規式改造」。這是因為各地船隻都是統一成造，而江西、湖廣漕船是由旗軍自行設廠成造的緣故。運軍私增船式，加重了「攬載之弊」、「膠滯之虞」[111]，「每於兌糧完後即滿載私貨以行，船重如山，勢不得不灘淺起剝；移船如移山，勢不得不前脫後壅」[112]，嚴重影響了漕運。

110 《明神宗實錄》卷一五，萬曆元年七月丁酉。
111 《明熹宗實錄》卷七八，天啟六年十一月甲戌。
112 毛一鷺：《題為轉餉竣事敬佐末議等事疏》，《神廟留中奏疏彙要》，

由於屢禁不止，明廷作了讓步，「許令附載土宜，免徵稅鈔」。同時對違禁貨物嚴加盤查，但仍是禁而不止，私貨帶運日甚一日。萬曆十八年，在濟寧查獲南昌衛、饒州所漕船帶竹木達一三六點五萬餘斤，所帶木筏擠塞河道，除折合每船可帶六十石外，超載二十八點五萬餘斤，而「未盤之先，沿途開廠發賣已多，該道所報僅及其半，船內磁、鐵等器又不知其幾何矣」[113]。

二 江西的「鹽界」與鹽稅

江西的「鹽界」

食鹽是關係到國計民生的重要物資，從這一點來說，它與糧食相類似。但是，糧食隨處都有生產，江南的稻米、西北的小米、中原的小麥，或農戶自給自足，或通過商販互通有無。國家只能通過徵收土地稅及糧食流通稅來進行控制。食鹽則不然，產地有限，便於國家進行控制，所以從春秋時期開始，就被視為國家的壟斷商品。

明太祖於元順帝至正十六年攻占集慶路，改名應天府，以為根本。兩年後，出兵浙東，連下處、婺等路，方國珍又以溫、台、慶元等路歸降。這既是軍事上的勝利，更是經濟上的勝利。溫州和台州是浙鹽的主要產地，奪取了浙東，便在食鹽供應上得到了保證。正如處州翼總制胡深所說：「溫、台二郡產鹽，浙

《戶部》卷四。

113 潘季馴：《河防一覽》，卷一二《官旗挾帶私貨疏》。

東、江西皆資其用。」[114]當時朱元璋集團所占地區，主要也侷限在江西、浙東、南京一帶，溫州和台州成為這些地區的主要食鹽供給地。因此在這時，江西的食鹽，來自浙東，商人販賣，則二十稅一。此後，朱元璋勢力奪取了江淮、湖廣、福建，兩淮地區的鹽場均在其控制之中，江西、湖廣等地開始改食淮鹽。

明朝建立之後，根據宋、元時期的舊制及各地產鹽和繳納鹽課的情況，設了六個都轉運鹽司：兩淮、兩浙、長蘆、山東、福建、河東；又設了七個鹽課提舉司：廣東、海北、四川及雲南黑鹽井、白鹽井、安寧鹽井、五井；另有陝西靈州鹽課司。同時，劃分了各運鹽司及鹽課提舉司的行鹽地。兩淮鹽的行銷地為南直隸的應天、寧國、太平、揚州、鳳陽、廬州、安慶、池州九府，滁、和二州，河南之河南、汝寧、南陽三府及陳州，以及江西、湖廣二布政司。江西大部分地區為淮鹽的行銷地，但廣信府食浙鹽。[115]

洪武二十八年，致仕兵部尚書唐鐸上言：「長沙、寶慶、衡州、永州四府，郴、道二州，食鹽缺少，廣東積鹽實多，而廣西新立衛分軍糧未敷。若將廣東之鹽運至廣西，召商中納，可給軍食。」戶部採納了唐鐸的建議，令廣東、海北二提舉司運鹽八十五萬餘引至廣西桂林，以便商人納米中鹽，運銷湖南。[116]但據監

---

114 《明太祖實錄》卷一二，至正二十三年三月丁丑。
115 《明史》卷八〇《食貨志四》。
116 《明太祖實錄》卷二四一，洪武二十八年九月壬寅。

察御史嚴震直所言，直到洪武三十年二月，預計起運的八十五萬引鹽才運到不足十萬引。於是改募商人於廣西乏糧衛所納米，自赴廣東支鹽，並通過大庾嶺——贛江通道，於江西南安、贛州、吉安、臨江四府發賣。[117]當然，這些都屬權宜之計。但在相當多的情況下，法律和制度也是在權宜之計的基礎上形成的。

據《明史・食貨志》：「成化十八年，湖廣衡州、永州改行海北鹽。正德二年，江西贛州、南安、吉安改行廣東鹽。」[118]但贛州、南安二府行廣東鹽並非始於正德二年。

正德十二年，吉安、臨江、袁州等府及萬安、泰和、清江、宜春等縣商民彭拱、劉常、郭閏、彭秀等連名狀告：「……廣鹽許於南、贛二府發賣，原亦不繫洪武舊制，乃是正統年間為建言民情事，奉總督兩廣衙門奏行新例。」[119]明朝以例代律，南安、贛州二府行廣東鹽，當從正統時始。

又正德六年，總制江西等處地方軍務左都御史陳金在一份批示中說：「查得江西十三府俱系兩淮行鹽地方，湖西、嶺北二道灘石險惡，淮鹽因而不到。商人往往越境私販廣鹽，射利肥己。先蒙總督衙門奏准廣鹽許行南、贛二府發賣，仰令南雄照引追米納價，類解梧州軍門。官商兩便，軍餉充足。當時止是奏行南、贛，不曾開載袁、臨、吉三府，分無遵照敕諭，便宜處置，暫許

---

117 《明太祖實錄》卷二五〇，洪武三十年二月己丑。
118 《明史》卷八十《食貨志四》。
119 王守仁：《王陽明全集》，卷九《疏通鹽法疏》。

廣鹽得下袁、臨、吉三府地方發賣，立廠盤掣，以助軍餉。」[120]
從這份批示中可知，南、贛二府行廣鹽乃「先蒙總督衙門奏准」，
與吉安等府、彭拱等人所言相符，為正統時的事情，但吉安及袁
州、臨江卻仍行淮鹽。到正德六年，因江西各處流民起事，聲勢
浩大，主持江西軍務的都御史陳金為籌集軍餉，「明文行令贛州
府起立抽分鹽廠，告示商民：但有販到閩、廣鹽課，由南雄府曾
經折梅亭納過勸借銀兩，止在贛州府發賣者，免其抽稅；願裝至
袁、臨、吉三府賣者，每十引抽一引。閩鹽自汀州過會昌羊角
水，廣鹽自黃田江、九渡水來者，未經折梅亭，在贛州府發賣，
每十引抽一引；願裝至袁、臨、吉三府發賣，每十引又抽一
引。」是廣鹽在南、贛二府行銷，十稅一；在吉、臨、袁三府行
銷，十稅二。如此重稅，商人竟然樂行，說明利潤可觀。

　　但到正德九年十月，戶部批准巡撫江西都御史周南的題請：
「仍照正德三年題奉欽依事理：有引官鹽，許於南、贛二府發
賣，不許再行抽稅。袁、臨、吉不繫舊例行鹽地方，不許到彼。
如有犯者，不分有引無引，俱照律例問罪沒官。」[121]禁止袁、
臨、吉三府行廣鹽。

　　其後因南、贛用兵，經王守仁題請，於正德十二年六月開
始，廣鹽沿十抽二的稅額，仍行吉安三府，至十三年兵事結束，
即行禁止。從正德六年十一月二十七日，至正德九年五月，兩年

---

120 王守仁：《王陽明全集》，卷九《疏通鹽法疏》。
121 王守仁：《王陽明全集》，卷九《疏通鹽法疏》。

半裡，贛州抽分鹽廠共抽過稅銀四萬餘兩。[122]以正引每引夾帶餘鹽六引、正引每引抽銀一錢二分、夾帶每引抽銀一錢五分、平均每引一錢四分計，賣往吉安、臨江、袁州三府的官鹽約有二十九萬餘引，每年約十一點七萬引。[123]

嘉靖五年，南贛巡撫潘希曾又奏：「先年因兩廣軍餉不足，奏准廣鹽於南雄府抽分，許行南、贛發賣。繼因南贛軍餉不足，復令廣鹽於贛州抽分，行袁、臨、吉三府發賣。正德十三年，戶部仍禁廣鹽不得至三府，蓋恐奪淮鹽利也。然淮鹽逆流而上，費繁價重，相去倍蓰，三府之民稱不便。況豪民世以私販為業，連艘挾刃，官不能禁，且私徵稅焉，是賈盜也。不若因其勢而導之，令廣鹽行鬻三府，如故道以贛州量行抽稅，以資兵食。」經兵部力爭，仍在袁、臨、吉三府行銷廣鹽。[124]

經過反覆爭論，並在平衡了中央和地方的經濟利益之後，終於確定了吉安與南安、贛州同食廣鹽，而臨江和袁州則仍食淮鹽。《明世宗實錄》載：

嘉靖十五年十二月丁未，先是，御史徐九皋言：江西原兩淮行鹽境界，後以廣東及南、贛軍餉不足，許南、贛、袁、臨、吉五府行廣鹽。由廣入南、贛者於南雄收稅，以給廣東；由南、贛

122 王守仁：《王陽明全集》，卷九《疏通鹽法疏》。
123 《明世宗實錄》卷五四三，嘉靖四十四年二月丁丑。
124 《明世宗實錄》卷六二，嘉靖五年三月戊子。

下袁、臨、吉者於贛州抽稅，以給南、贛。非舊制也。今宜禁止廣鹽，或令兩淮商人查照原額三十萬引，每引納銀一分，以給南、贛軍軍餉。事下撫臣勘議。至是，南贛巡撫王浚言：贛州鹽廠舊所積軍餉銀二十六萬兩有奇，比因大工缺乏，奏取無餘。而贛州界在四省之中，盜賊時發，若鹽稅罷革，止令商人照引納價，計所入三千餘耳。萬一兵餉不繼，地方可慮。且南、贛、吉安去廣最近，商民便之。今第宜暫禁袁、臨二府毋得行廣鹽，而於贛州鹽廠迭委部臣員往理其稅。每年稅銀以十分為率，二分貯庫，八分解部；果有徵調，許撫臣得以便宜留用。部復：從其議。第主稅官員令如舊以府佐攝之。報可。[125]

此後雖然仍有反覆，但江西地區行銷的官鹽或引鹽以淮鹽為主、以浙閩粵三省之鹽為輔的局面並沒有發生變化。[126]

官鹽與私鹽的消長

關於行鹽額，正統以前，江西一省除廣信府食浙鹽外，其餘十二府每年派行淮鹽共三十九萬引，後南安、贛州、吉安三府改行廣鹽，惟南昌等九府仍行淮鹽二十七萬引。既而私鹽盛行，如袁州、臨江、瑞州三府私食廣鹽，撫州、建昌、廣信三府私食福

---

125 《明世宗實錄》卷一九四，嘉靖十五年十二月丁未。
126 陳鋒：《清代鹽政與鹽稅》（中州古籍出版社 1988 年版）詳載了淮鹽由漢口至兩湖各地的里程，最遠者達二〇〇〇多里，而淮鹽從儀征至漢口又有一六〇〇里。但卻忽略了湖廣的永州、衡州二府及郴州、桂陽二直隸州所屆地並不食淮鹽而食廣鹽。

鹽。於是淮鹽僅行十六萬引。至嘉靖時，巡撫馬森請於峽江縣建橋設關，禁遏廣、福私鹽之路，比原額增行二十萬引，達四十七萬引。[127]是在峽江建橋設關之前，南昌等九府所行私鹽至少在三十一萬引以上；而在額定的二十七萬引之外，每年也至少有二十萬引私鹽在這九府行銷，這僅僅是政府通過建橋設關向鹽私奪回的數額，而私鹽的數量卻遠不止這些。即使按這一比例，在南安、贛州、吉安行銷的私鹽數，也應在十萬引以上。加上廣信府，江西在嘉靖時每年所需食鹽，當在七八十萬引以上。原額官鹽三十九萬引，約為需求量的一半左右。

另據天啟五年十月御史崔呈秀的奏疏，淮商江禮等願將南、贛二府委以屬粵，聽其自行鹽、自收利，止將吉安一府仍歸於淮。除舊課十五萬照舊認完外，仍願歲加新課十五萬以佐軍興。[128]這裡可以有兩種推測：一是淮商打算利用吉安行鹽的便利，向他處滲透；二是吉安、贛州、南安三府在天啟時所需食鹽每年至少達三十萬引。如屬後者，以每引二百斤計，則為六千萬斤，每日約耗鹽十六點四萬餘斤。商人出於成本及利潤核算的需要，對市場的預測應比官方更為準確。

官鹽正額的減少，原因是私鹽的盛行。顧炎武《日知錄》對此有精闢的論述：

---

127 《明世宗實錄》卷四六〇，嘉靖三十七年六月癸未。
128 《明熹宗實錄》卷六四，天啟五年十月己亥。

行鹽地分有遠近之不同。遠於官而近於私，則民不得不買私鹽。既買私鹽，則興販之徒必興。於是乎盜賊多而刑獄滋矣。《宋史》言江西之虔州，地連廣南，而福建之汀州，亦與虔接。虔鹽弗善，汀故不產鹽，二州民多盜販廣南鹽以射利。（原註：又言，虔州官鹽自淮南運致，鹵濕雜惡，輕不及斤而價至四十七錢；嶺南鹽販入虔，以斤半當一斤，純白不雜，賣錢二十。以故虔人盡食嶺南鹽。虔州即今贛州府，宋時屢議不定，今卒食廣東鹽。）每歲秋冬，田事才畢，恆數十百為群，持甲兵旗鼓，往來虔、汀、漳、潮、循、梅、惠、廣八州之地。所至劫人谷帛、掠人婦女，與巡捕吏卒鬥格，或至殺傷，則起為盜，依阻險要，捕不能得；或赦其罪招之。元末之張士誠，以鹽徒而盜據吳會，其小小興販，雖太平之世，未嘗絕也。**129**

可見江西行淮鹽宋時已然，而贛州一帶走私廣鹽，也至少從宋代已經開始。走私的原因則在於「遠於官而近於私」，故私鹽質優而價廉，官鹽質劣而價高：官鹽不足秤卻每斤價至四十七錢，私鹽以斤半當一斤，卻只賣二十錢。以足秤論，「純白不雜」的私鹽價錢僅相當於「鹵濕雜惡」的官鹽的四分之一。這是宋代的情況。明正統時改贛州、南安行廣鹽，既是不得已而為之，也是順乎民情。即使行廣鹽，但由於官鹽成本高，其價錢也高於私鹽，所以走私仍不可免。

129 顧炎武：《日知錄》卷一〇《行鹽》，《日知錄集釋》本。

· 鹽的運輸圖，《天工開物》卷上《作鹹》插圖。

　　其實，不僅正額淮鹽受到粵私、閩私、浙私、川私、潞私等的抵制，由於行鹽地區劃分的不合理，正額浙鹽也同樣受到淮私的衝擊。作為一代大儒，顧炎武對當時的禁私進行了批評：「此地利之便，非國法之所能禁也。明知其不能禁而設為巡捕之格，課以私鹽之獲，每季若干，為一定之額，此掩耳盜鈴之政也。」

官鹽中的利益構成

　　打破行鹽地的劃分，是杜絕私鹽的基本前提，這本是顯而易見的道理，但明政府卻抱住成法不放，仍然要行「掩耳盜鈴」之政。而明政府堅持在江西地區行銷淮鹽，或者說保護淮鹽的行銷，主要有以下三個方面的原因。

　　第一，包括江西在內的兩淮鹽課在國家財政中具有重要地位。

　　明洪武時所定各鹽司引額：兩淮各場歲辦大引 35.2 萬餘

引，其餘兩浙鹽場 22 萬餘引、長蘆鹽場 6.31 萬引、山東鹽場 14.33 萬引、福建 10.45 萬引、河東歲辦 15.2 萬餘引（按小引 35.4 萬引折算）、陝西 3 萬餘引（按 1200 萬斤折算）、廣東 4.68 萬引、海北 2.7 萬引、四川近 3 萬引（按 112 萬餘斤折算）、雲南 1.78 萬餘引。在所有鹽場的歲辦引額中，以兩淮居首，占總數 118.69 萬大引中的 29.66％。引額多，鹽課自然也多。而兩淮歲入太倉餘鹽銀的數量，在總數中的比重，又遠遠高於其引額的比重。仍以明代為例，各鹽司額定歲入太倉余鹽銀：兩淮 60 萬兩、兩浙 14 萬兩、長蘆 12 萬兩、山東 5 萬兩、福建 2.2 萬餘兩、河東 0.4 萬餘兩、廣東及海北 1.1 萬餘兩、雲南 3.5 萬餘兩。也以兩淮為最，占總數 98.2 萬兩的 61.10％。這種格局一直延續到晚清。

對於政府來說，各鹽場的產量固然重要，但更主要的是向國家上交的鹽課。從上面的數字可以看出，明代兩淮鹽課在國家財政收入中占重要的地位。明代各鹽司均向九邊提供鹽課作軍餉，兩浙所輸之邊為甘肅、延綏、寧夏、固原、山西五處，長蘆為宣府、大同、薊州三處，山東為遼東、山西兩處，陝西為寧夏、延綏、固原三處，四川為陝西一處，而兩淮所輸，遍及甘肅、延綏、寧夏、宣府、大同、遼東、固原、山西八處，其數額也比其他鹽司大得多。所以在萬曆時期，針對廣鹽侵奪淮鹽的行鹽地，巡按直隸御史應朝卿大聲疾呼：「京師之擁衛賴九邊，邊餉之灌輸仰兩淮，歲計開中芻粟與解京余銀，兩者總之不下百萬。……臣竊計之，今日之亟宜罷者，新行之存積也、加增之遼引也；亟宜復者，江西三府。……江西九府，歲壅二十餘萬引，蓋因南

安、贛州、吉安三府改食廣鹽。廣鹽順流而下，其勢甚便，遂浸淫於袁、臨、撫、瑞諸郡，明行者有限，私販者無窮。故三府不復，則淮鹽終未能與廣爭。」[130]

在所有商人之中，以資本雄厚的鹽商「報效」最多。而在鹽商之中，又以富有的淮商「報效」最厚。

萬曆十四年，戶部的一份文書對中央與地方就鹽課的分配、淮商與粵商就利益的爭奪進行闡述：

先該兩淮運鹽蔡時鼎具題，欲復吉安額地，以完國課而消積引，所執議者鹽法；而江西撫按欲將吉安一府照舊行廣鹽，以便小民而濟兵餉，所執議者地方。今戶科左給事中常居敬疏奏，欲將吉安一府仍食廣鹽，且言江西數月以來鹽法阻滯，民嘆無鹽，兵慮缺餉，一時人心未免惶惑；及廣東海船聚眾，窺犯珠池，亦托於近日淮商爭奪吉安，亦廣鹽地方商販不通，生理窮困為詞。是江西、廣東，一利於買，一利於賣。若是乎人情之亟於趨利而不可驟反也。適奉明旨，便與題復，合行令江西南安、贛州二分抽稅充餉，八分解部濟邊，俱一體照舊施行。上令不必紛更。[131]

吉安行銷淮鹽，有利於「完國課」，是國家利益之所在；吉安行銷廣鹽，有利於「小民」及當地兵餉，是地方利益之所在。

---

130 《明神宗實錄》卷三四四，萬曆二十八年二月戊午。
131 《明神宗實錄》卷一七三，萬曆十四年四月辛巳。

兩淮鹽政官員堅持的是「鹽法」或「祖制」；江西主管官員考慮的是民生利益及地方財政。而淮商、粵商考慮的則是各自的商業利潤。雖然戶部傾向於將吉安劃歸廣鹽行銷區，卻被內閣和內監代皇帝予以否定：「不必紛更。」當時的內閣首輔是申時行，同在內閣的還有許國、王錫爵、王家屏。這是一個與淮商關係密切的內閣。申時行是南直蘇州府長洲縣人，嘉靖四十一年的狀元；王錫爵是蘇州太倉人，申時行同科榜眼；許國則是淮商的故鄉南直徽州府歙縣人，應天府鄉試解元，嘉靖四十四年進士。只有一位王家屏是山西大同人，卻是隆慶二年的後進。這種結構的內閣，顯然對淮商是有利的。

鹽課以淮商為多，「捐輸」也以淮商為最；兩淮鹽課是國家財政的重要來源，而其他鹽場的鹽課則主要支持地方財政。因此，中央支持淮商並保護淮鹽的暢銷，便是可以理解的事情了。

第二，皇室及有關官員均可在淮鹽中分潤。

如果只是因為兩淮鹽課關係到國家財政，尚不足以使明代乃至宋、元、清各個時期的統治者們如此堅定不移地維護淮鹽的行銷。其中另一重要因素，是因為淮鹽的行銷與皇室的收入、官員的分潤息息相關。而在海內商人中，既「富」且「奢」而出手豪闊的，也只有兩淮鹽商。明朝的當權宦官、中央各部門官員、兩淮鹽政及淮鹽行銷地官員從淮商處得到好處是盡人皆知的事實。

天啟五年，淮商江禮等人通過御史崔呈秀，表示願意將南安、贛州二府劃為粵鹽的行銷地，聽其自行鹽、自收利，但要求吉安一府仍為淮鹽的行銷地。作為條件，願除舊課十五萬照舊認完外，歲加新課十五萬以佐軍興。不僅如此，江禮等人還帶著引

銀四點二五萬兩進京，資助皇宮的改造[132]，而萬曆時在全國鬧鬧騰騰的礦監稅監，每年也不過上交二三十萬兩白銀。當時主持朝政的是宦官魏忠賢，崔呈秀則是「閹黨」的代表人物，江禮等人通過崔呈秀打通關節，可謂看破了明政府權力要害的所在。而要打通魏忠賢、崔呈秀的關節，自然免不了利潤的分成。崔呈秀在奏疏中說得冠冕堂皇：如滿足了淮商的要求，「國家不煩搜括而坐收無疆之利，於計甚便」。國家財政可以增加十五萬引鹽課、皇宮改造得到了四萬餘兩銀子的資助、魏忠賢和崔呈秀們又接受了關節費若干，於是旨意下達了：「以南、贛二府屬粵，以吉安一府歸淮，此鹽法定論，著該部如議行。」吉安一府仍歸淮商。當然，淮商的算盤也是十分精細的：南安、贛州二府早已為粵鹽的行銷地，不可能再奪回；吉安為江西大府，其人口超過南安、贛州二府的總和，行鹽的利潤自然也遠遠高於二府；在吉安堵住粵鹽，也就保住了下游的臨江、瑞州諸府；而且，投資是暫時的，得益卻是永久的。由於皇室和有關官員從淮鹽中分潤頗多，所以他們極力維護淮商的利益便是可以理解的了。[133]

第三，淮鹽生產地所處的地理位置和傳統習慣的作用。

據《明史·食貨志》，兩淮鹽司轄泰州、淮安、通州三分司，有儀真、淮安二批驗所，分別控制淮南和淮北的行鹽。這些

---

132 《明熹宗實錄》卷六四，天啟五年十月己亥。
133 關於明清政府堅持淮鹽的種種因素，參見方志遠：《明清湘鄂贛地區的食鹽輸入與運銷》人中國社會經濟史研究》二〇〇一年第四期。

都是南直隸的轄地，且地處蘇北平原，便於政府控制。兩浙鹽司轄嘉興、松江、寧紹、溫台四分司，有杭州、紹興、嘉興、溫州四批驗所；長蘆鹽司轄滄州、青州二分司，有長蘆、小直沽二批驗所；山東鹽司轄膠萊、濱樂二分司，批驗所在灤口。這些分司及批驗所多濱海，控制較為困難。而山西、四川、雲南、廣東、廣西各鹽司所屬鹽場、鹽井，或分布過散，或近海近邊，也同樣面臨著緝查困難、走私猖狂的問題。國家要對這些鹽場進行控制，遠較兩淮為難。而從明清兩代各鹽司的行鹽地看，也多是宋元舊制。如浙鹽行銷地：浙江及南直的松江、蘇州、常州、鎮江、徽州五府及廣德州，江西的廣信府，除廣信府和廣德州外，便是兩宋的浙江東路和浙江西路，當時即行浙鹽。而兩淮鹽行銷地：南直隸的應天、寧國、太平、揚州、鳳陽、盧州、安慶、池州九府，滁、和二州，河南之河南、汝寧、南陽三府及陳州，以及江西、湖廣二布政司，除河南所屬部分地區外，大致上為兩宋的淮南東、西路，江南東、西路和荊湖南、北路，當時也行淮鹽。

在新的形勢下，當原有的制度發生問題時，人們往往譴責傳統。卻不知一種傳統的形成，自有其形成的道理。以淮鹽的行銷而論，即是如此。

淮鹽的是否暢銷，直接關係到國家的財政收入，關係到上自皇帝下到經辦官吏的個人利益，也關係到淮商自身的利益，而淮鹽的一半以上是在江西及湖南、湖北行銷的。保證淮鹽在江西及兩湖的暢銷，自然也就維護了淮鹽鹽課的徵收和各方面的利益。按《明史·食貨志》，兩淮歲辦大引鹽三十五點二萬餘引，弘治

改辦小引鹽,「倍之」,即為七十點四萬餘引,這一數字至萬曆未變。而如前文所說,正統以前,江西一省十二府(廣信除外)即派行淮鹽三十九萬引;嘉靖時,經在峽江建橋設關,南昌等九府(南安、贛州、吉安已改食廣鹽)行銷淮鹽四十六萬引。淮鹽的鹽課及各方面的利益,也自然有一半以上出自江西和湖廣。[134]

三 九江鈔關與贛關

在近代鐵路和海運開通之前,鄱陽湖和贛江是貫穿中國南北的交通要道,與北通京都、南下廣州的驛道相連,江湖上舟楫往返,絡繹不絕。隨著商品經濟的繁榮與商業的發展,水上貨運的稅收便成了明王朝國家財政收入的重要來源。明代在江西所設稅關,最為重要的莫過於九江的鈔關和贛州的稅關。這一南一北兩關,既決定了江西商業的基本路徑和貨物流向,也決定了江西在全國貿易中的地位。

九江鈔關

明初,贛江水運已頗盛,設有南昌、清江、臨江、吉安四個稅關,其後,九江增設鈔關。

九江位於長江南岸,地處長江中下游之交,上通川楚下至浙

---

134 黃國信《區與界·清代湘粵贛界鄰地區食鹽專賣研究》(三聯書店 2006年版)通過分析朝廷、封疆大吏及地方士紳共同介入下清代湘粵贛界鄰地區食鹽專賣制度演變的種種面相,探討因緣於不同人群而產生的不同層次的區域及其之間的關係,對表面上非常清楚但實際上難於確定的區域及其劃界等問題提出了一些新鮮有力的解釋。

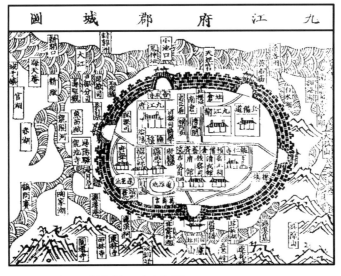

・九江府城圖，嘉靖《九江府志》圖一。

直，又是鄱陽湖和贛江水系與長江的交匯點，地理位置十分重要。也正因為如此，九江在歷史上開發較早，漢代即已建城，明代為府城。嘉靖時該城共有十八坊，大街八條，火巷二十八條，其中分布於西門之外的有五坊三街二十巷[135]，在沿江一帶形成一大片商業區。龍開河口，在九江府城西一里餘，河面寬闊，縱深長，嘉靖間在河口兩岸修建石砌碼頭，「長六十餘丈，寬二丈，上砌二平台，隨舟往來抵泊」，是九江最重要的港口碼頭。此外，湓浦港、女兒港、小港等也都是船舶往來停靠之所。[136]

---

135 嘉靖《九江府志》卷二《坊鄉》。

136 孫述誠主編：《九江港史》，人民交通出版社一九九一年版，第 54-55 頁。

第一章・明朝在江西的統治

《明史・食貨志五》說：

洪熙元年增市肆門攤課鈔。宣德四年，以鈔法不通，由商居貨不稅，由是於京省商賈湊集地、市鎮店肆門攤稅課，增舊凡五倍。兩京蔬果園不論官私種而鬻者，塌房、庫房、店舍居商貨者，騾驢車受僱裝載者，悉令納鈔。委御史、戶部、錦衣衛、兵馬司官各一，於城門察收。舟船受僱裝載者，計所載料多寡、路近遠納鈔。鈔關之設自此始。其倚勢隱匿不報者，物盡沒官，仍罪之。於是有漷縣、濟寧、徐州、淮安、揚州、上新河、滸墅、九江、金沙洲、臨清、北新諸鈔關，量舟大小修廣而差其額，謂之船料，不稅其貨。惟臨清、北新則兼收貨稅，各差御史及戶部主事監收。

鈔關初建時，以鈔為徵收本色，故得名。成化元年規定錢、鈔均為本色，弘治六年又定鈔關稅折收銀兩例，但鈔關之名未變。

在明代八大鈔關中，唯一設在長江上的是九江關。明景泰初年，「以國用不敷，榷舟稅以充之」。九江鈔關先是設於湓浦口，「四方商舟駢集其地」，「船自西而下者收入小江之口最便」，但「北上而候納者漫無依泊」，「關之厲商如此」。嘉靖三年官府在龍開河西海天堤北建成新關，由此鈔關「居腹心，船收兩腋，自

北上而候納者泊於龍開河，獲免衝激之患」[137]。鈔關新遷，實際上也為稅收的徵收提供了便利。萬曆年間其稅額為二五〇〇〇兩，占八大鈔關稅收總額的百分之七點三；天啟時為五七五〇〇兩，占總額的百分之十二。[138]

經由九江關流通的商品以糧食、竹木、食鹽、茶葉等項為大宗。

糧食，是經由九江關轉運的最大宗的商品。九江是全國四大米市之一，從湖廣、四川輸往江浙的米穀均需經由九江，江西本省米穀也多由此輸出。「江廣為產米之區，江浙等省採買補倉，江西之九江關乃必由之路。」[139]江西糧食在明代即有大量輸出，至清代前期數量更大。

木材、竹料，是建造房屋、製造交通工具、生產工具和生活用品的重要原料。中國木竹資源主要分布在雲貴、四川以及湘贛山區。雲貴川湘所產木材順長江而下至九江，贛南山區的竹木則由贛江經鄱陽湖入長江東下，轉銷江南及華北平原。檔案記載稱，九江關稅「惟木稅最大，船稅較輕」，「木由川楚及本省之吉、贛等府，商人扎簰販赴下江發賣」[140]。

---

137 王汝賓：《新遷九江鈔關記》，嘉靖《九江府志》卷十六《詩文志》。
138 參見許檀：《明清時期運河的商品流通》，《歷史檔案》一九九二年第一期。
139 參見許檀：《清代前期的九江關及其商品流通》，《歷史檔案》一九九九年第一期。
140 參見許檀：《清代前期的九江關及其商品流通》，《歷史檔案》一九九九年第一期。

食鹽，也是九江關稅收之大宗。由九江過境的食鹽主要是銷行湖廣兩省的淮鹽，這些淮鹽溯長江經九江而抵漢口，然後分銷湖廣各府。

茶葉也是經由九江關的重要商品之一，多來自福建武夷山區和本省的鄱陽湖產區，其流向大致有二。北路主要銷往西北邊疆和俄國，武夷茶在河口鎮裝船順信江而下至鄱陽湖，穿湖而過出九江口入長江，然後溯江而上抵漢口，轉漢水至樊城（襄樊）起岸，經河南、山西抵張家口，再由張家口轉運俄國。[141] 東路則由長江而下至上海並轉輸歐美各國，這一路在鴉片戰爭以後發展迅速。

此外，浙直綢緞布匹溯長江至中上游地區，洋廣雜貨由大庾嶺商道入鄱陽湖轉中原各省，以及江西本省所產瓷器、紙張、夏布、藥材多輸往漢口、重慶等地，均需經由九江轉輸。

但是，由於九江距鄱陽湖、長江交匯處數十里，九江鈔關所在的位置無法控制由長江下游進出鄱陽湖的船隻，因此不得不在江、湖交匯處的湖口縣另設關卡，以防止稅收的流失。嘉靖四十三年，明廷從巡撫周相之奏，「於江西湖口縣南湖嘴增設抽稅衙門一所，令通判一人領之，凡商船由湖口上流至江西下流、至蕪湖者一體徵稅，輸之九江鈔關」[142]。只是湖口縣雖擁有遠近聞名的石鐘山，卻沒有一處可供商船泊岸的港口。那裡斷崖壁立，風

---

141 張正明：《晉商興衰史》，山西古籍出版社一九九五年版，第 274 頁。
142 《明世宗實錄》卷五三八，嘉靖四十三年九月辛酉。

急浪高，船隻無處下錨。為了交稅，演出了不少舟覆人亡的慘劇，自然不免流失稅款。這個被稱為「遺算於湖口」的遺憾，一直到明朝滅亡也沒有解決。

贛關

贛州位於江西南部，古稱虔州。章、貢二水在此合流為贛江，然後直下鄱陽湖。贛江縱貫全省，為江西省內最重要的商品流通幹線。唐宋時代，贛州已是大庾嶺商道上重要的轉運樞紐，「廣南金銀、香藥、犀象、百貨，陸運至虔州而後水運」[143]。

明代贛州為府城及南贛巡撫所在地，湧金門至建春門內外沿江一帶是贛州商業最繁榮的地區，瓷器街、米市街、棉布街等都集中於此。[144]商賈輻輳，船舶往來，「或粱戢之出入，或錢貝之紛馳，從朝至暮攘攘熙熙」。[145]

贛州是江西通往廣東的重要稅關。檔案記載：「江右一省額設二關，贛關抽收江粵往來商稅，九江關抽收江楚往來船稅。」[146]贛關之設始於明代中葉王守仁巡撫南贛期間。先是首任巡撫金澤創設折梅亭抽分廠於南安大庾，「一則甦大庾過山之夫，一則濟南贛軍餉之用」，後因抽分官員貪污、商人偷稅漏稅

---

143 《宋史》卷一七五《食貨上三》。
144 乾隆《贛縣誌》卷三《城池》；同治《贛州府志》卷首《府城街市全圖》。
145 乾隆《贛州府志》卷一六《濂溪書院賦》。
146 《軍機處錄副奏摺》，乾隆十四年五月十九日唐綏祖折，中國第一歷史檔案館檔案藏。

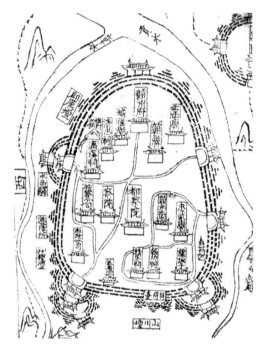

·贛州府城圖，嘉靖《贛州府志》圖一。

等奸弊叢生，致使收入「倍少於前」[147]。主持江西軍務的都御史
陳金為籌集軍餉，於正德六年十一月設立贛州龜角尾抽分廠，至
九年七月，共抽過商稅銀四二六八六兩。但此項稅收屬對商人重
複徵稅，在給事中的奏報下遂於正德十一年停止。王守仁任南贛
巡撫後，為廣開財源，大舉用兵，對折梅亭、龜角尾兩個抽分廠
加以整頓，「革去折梅亭之抽分，而總稅於龜角尾」，統一在龜

147 王守仁：《王陽明全集》卷一〇《議南贛商稅疏》。

角尾收稅。[148]贛關關廠原設於湧金門外龜角尾，即章、貢二水合流之處。後改「於東、西二橋並設盤掣」，東橋在建春門外，臨貢水；西橋在西津門外，濱章水。

明代贛關「每年鹽稅、雜稅共銀三萬兩」，關稅收入在全國各鈔關中名列前茅。萬曆八年，贛關稅收占全國關稅總收入的百分之十七點一，僅次於運河沿線的臨清關和杭州北新關，位居第三；萬曆二十七年，贛關稅收占全國總數的百分之十四點〇七，位於臨清關之後，與河西務關、滸墅關不相上下。[149]這期間贛關的稅收比九江關要高出許多，顯示大庾嶺商路在明代的重要地位。明末，贛關稅收雖在全國關稅收入中地位下降，但這並不意味著大庾嶺商道的衰落。從同時期其他各關如臨清關、滸墅關、九江關、北新關等處的關稅收入份額日益接近的情況來看，當時運河沿線商品經濟的總體發展水平均有提高，故而帶來了商稅的普遍增加，往日某一稅關的「一花獨放」現象不復存在。

經由贛關流通的商品種類繁多，而以茶葉、生絲、洋廣雜貨為大宗。

由贛關輸往廣東的商品以茶葉、生絲為最大宗。茶葉來自福建、安徽、浙江，絲及絲織品主要產自蘇、杭、嘉、湖。由廣東輸往江西的商貨主要有廣東所產的蔗糖、果品及進口洋貨。《廣

---

148 王守仁：《王陽明全集》，卷一〇《議南贛商稅疏》。
149 資料來源：《清朝續文獻通考》卷一八《征榷一》、同治《贛州府志》卷二八《經政志·榷稅》。

東新語》記載：「順德多龍眼，南海、東莞多荔枝」，「每歲估人鬻者……載以栲箱，束以黃白藤……向台關（即大庾嶺）而北，躐嶺而西北者，舟船弗絕也」。又，「廣州望縣，人多務賈與時逐，以香、糖、果箱、鐵器、藤、蠟、蕃椒、蘇木、蒲葵諸貨，北走豫章、吳浙，西北走長沙、漢口。」[150]廣東進口洋貨主要有哆羅、譁嘰、羽毛、紗緞等紡織品，香料、鉛錫以及犀角、象牙等等，其中也有很大一部分入江西經贛關轉銷各地。

江西本地產品經由贛關輸出的則有桐油、茶油、瓷器、木材、菸草、紙張、夏布、糧食等。

桐油、茶油是贛南的一大特產。《贛州府志》記載：「茶、桐二油惟贛產佳，每歲賈人販之他省，不可勝計，故兩關之舟載運者絡繹不絕。」[151]贛南所屬各邑，山場多栽桐、梓二木，秋成收取其果實榨油，是贛關上游土產，每年江浙客商前來販買，經過該關，例應輸稅。

木材，也是贛南輸出的重要商品。贛關稅則中竹木列有專項，清流木、草流木、杉木、皮槁木以及方板、苗竹、關竹之類各有稅則。[152]

瓷器，也是贛關輸出的重要商品。景德鎮所產瓷器，明清兩代均大量出口。無論成瓷還是白胎，均需由贛關過境，並在此更

---

150 屈大均：《廣東新語》，卷二五《木語》、卷一四《食語》。
151 乾隆《贛州府志》卷二《物產》。
152 乾隆《贛州府志》卷一八《關榷》。

換小船溯章水至大庾縣過嶺。建春門內的瓷器街，就是這些瓷器儲運銷售及換載之所。

　　經由贛關輸出的糧食也有一定數量。明代贛州即有不少稻穀順流而下輸往省城南昌以及浙直，《贛州府志》記載：「贛亡他產，頗饒稻穀，自豫章、吳會咸取給焉，兩關轉穀之舟日絡繹不絕，即儉歲亦櫓聲相聞。」[153]贛南米穀也有一部分向廣東輸出。此外，菸草、紙張、漆、葛布、苧布等也是贛南地區所產或經由贛關輸出的商品。[154]

四　江西地方財政的構成與改革

明前期江西地方財政的構成

　　洪武九年六月改設江西承宣布政使司，地方行政制度已趨完善。但直到洪武十四年建立黃冊制度，江西地方財政體制才基本定型。此後至嘉靖年間，江西地方財政體制雖有所變革，但其基本規制仍相對穩定。這一時期江西地方財政的來源，主要依賴於「因事編僉」的徭役，因而具有較大的自主性與隨意性，其收支規模則日益趨於膨脹。

　　在中國傳統社會中，田賦和徭役是財政收支的主體，而在不同的歷史時期，中央財政與地方財政的來源不盡相同。明前期，

---

153 天啟《贛州府志》卷三《土產》。
154 對於贛南特產的種類、生產及在各縣的分布情況，可參見本書第三章第二、三節。

江西地方財政的主要來源是勞役而不是賦稅。

關於地方財政占有的比重，夏稅部分，中央收入共折銀 24494 兩，江西地方收入共折銀 24273 兩，二者基本持平；秋糧部分，則地方存留除府庫租鈔 76 兩不計外，共收入秋糧米 359002 石，而中央則收入秋糧米 2648104 石，地方收入僅為中央收入的 13.56％。在江西地方政府的這些賦稅收入中，用於供應皇族祿米共 156163 石，約占總數的 39.08％，用於供應社會救濟米麥共 172557 石，約占總數的 43.2％。僅此兩項相加，就已占去總數的約 82.3％，剩下 17.7％除掉支應三司俸糧、生員廩食米外（此兩項約占總數的 8％），留給江西地方政府做機動財源的已是廖廖無幾。這說明，當時地方政府的賦稅收入是絕對無法維持地方政府的正常運轉的，更不要說去承擔其他必不可少的社會職能。因此，當時江西各級地方財政主要依賴於「因事編僉」的徭役。

《明史・食貨志二》曰：「役曰裡甲、曰均徭、曰雜泛，凡三等。以戶計曰甲役，以丁計曰徭役，上命非時曰雜役，皆有力役，有僱役。」「凡役民，自里甲正辦外，如糧長、解戶、馬船頭、館夫⋯⋯為常役。後又有斫薪、抬柴、修河⋯⋯之類，因事編僉，歲有增益。」洪武元年，定田一頃丁夫一人，名為均工夫。不久，編製出應天十八府州及江西九江、饒州、南康三府均工夫圖冊。每年農隙赴京，供役三十日遣歸。後來編造黃冊，以一一〇戶為一里，里分十甲。戶分上中下三等。一年中的各種差役輪流編派，出人出錢聽便，稱為均徭。

明初的徭役大致可以分為兩大類，即「里甲正役」與「雜役」。里甲正役最初只是負責「催辦錢糧，勾攝公事」，其後逐

漸擴大及於「出辦上供物料」及給應官府「泛雜支費」。雜役的內容更為龐雜，其經常性項目有：為各級衙門服務的皂隸、門子、斗級等；為官吏生活服務的柴夫、膳夫、轎伕等；負責解送錢糧的庫子、解戶等；負責維持治安的弓兵、機兵、民壯等；負責驛傳交通的馬伕、水夫、鋪兵等；此外，還有各種臨時性的差役，如造橋、修路、築城、挖河等公共工程的勞務支出。明中葉以前，雜役中的經常性項目已分解為「均徭」、「驛傳」、「民兵」三大類，從而與「里甲正役」並列為「四差」。在這些名目繁多的徭役中，除了「上供物料」等少數項目與中央財政有關之外，其餘絕大多數由各級地方政府支配，屬於地方財政的範疇。現據《江西省大志》的有關記載，對江西「四差」的具體用途與數量進行分析，以瞭解徭役與地方財政的內在關係。**[155]**

「里甲」之役，分「額辦」與「雜辦」兩類，共折銀約二三一○三四兩。「額辦」主要用於買辦「上供物料」，其具體項目有：茶芽、甘蔗、扛解盤纏、藥材、弓箭弦條、胖襖褲鞋、神器軍器民七料、野味、翎毛、麂皮、狐狸皮、魚油、斑竹等。此類項目約折銀三二八五二兩，屬中央財政收入。「雜辦」類項目用於各級地方政府的雜項開支，其主要項目有：司府表箋，春秋祭禮，曆日，淺船，鞭春，鄉飲，門神公宴，修衙，職事桌幃，歲考、科舉應試生儒酒席、路費、謄錄工食，舉人牌亭，水手，歲貢酒禮，上司公費，應朝造冊紙張，廠經，由票，答應，卷箱、

155 萬曆《江西省大志》卷二《均書》。

孤貧冬布，人夫馬匹，會差快船，燈籠，火把，轎傘，鋪陳，解官路費，義民工食，匠班，修理橋廠沙土夫廩饍，商稅，等等。此類項目約折銀一九八一八二兩，完全由各級地方政府支配，屬地方財政的範疇。其中除少數用於代納「匠班」、「商稅」等雜稅外，其餘都用於各級衙門的辦公設備及禮儀費用。

「均徭」之役，分「銀差」與「力差」兩類，共折銀約一八五六二六兩。「銀差」是指明中葉以前已陸續折納代役銀的各種徭役，其主要項目有：北京富戶，二司表夫，司、府、縣應朝抬冊夫，府、縣學齋、膳夫，各官柴薪、馬丁，歲貢盤纏，舉人、進士牌坊，生儒卷價，各衙門公費，紙割，廩給，備補轎傘，鋪陳，王府校尉，齋郎，廚役，祭品，漿洗鋪陳，商稅門攤課程。此類項目約折銀九九九二九兩，其中除「北京富戶」等少數項目非地方財政收入，其餘皆服務於本省衙門的公共事務或官吏的日常生活，應納入地方財政的範疇。「力差」原來是指直接征發力役的徭役，嘉靖時已陸續改徵「工食銀」。此類項目約折銀八五六九七兩，其主要役種有書手、門子、皂隸、轎伕、傘夫、庫子、倉夫、館夫、禁子、巡攔、弓兵、鋪司兵、橋夫、渡夫、護堤夫、水從夫、水手、義民等。這些勞役大多直接服務於各級地方政府，少數則用於本地公益事業，因而都是必不可少的地方財政項目。

「驛傳」之役，包括「本省」與「省外」兩部分。本省的「驛傳」之役，主要是為各府、縣的驛站和急遞鋪提供車、馬、船、人力及草料、鋪陳等，共折銀約四五二六五兩，此類項目是直接為各級地方政府服務的，自然應歸入地方財政之一。省外的「驛

傳」之役，主要是為南、北二京「會同館」及全國主要交通幹線的驛站提供馬匹、水夫等，共折銀約二七八五九兩。此類項目的性質較為複雜，暫且存而不論。

「民兵」之役，包括雇募軍官與士兵的費用，共折銀約一九一三九二兩。軍官類有練兵千總、哨官、營總、哨總、教師、隊長等，其糧餉、工食約折銀二〇二二兩。民兵類分團操兵、解府募兵、民快、應捕兵、精兵、戰快船水手、吹鼓手、寨兵、會昌營兵、解按察司進表兵等，約折銀一八九三七八兩。此類項目主要用於維護社會秩序，也是地方財政中必不可少的項目。

嘉靖年間江西「四差」約折銀六八一一九四兩。其中若扣除「額辦」類項目及「北京富戶」、省外「驛傳」等項收入外，完全歸江西地方財政收入的仍有六十餘萬兩之譜，約占四差總收入的百分之九十以上。如果與當時江西本地存留的夏稅秋糧三十餘萬石（兩）相比，來自徭役的收入超過近一倍，約占地方財政總收入的百分之六十。而且，在江西全省存留的稅糧中，皇族祿米約占百分之三十九點〇八，這部分稅糧實際上並不能算地方財政收入。

可見，明前期江西的各類徭役，主要是為各級地方政府提供人力與物資，以維持各項行政職能的正常實施。因此，在明前期江西地方財政的構成中，徭役占有絕對的支配地位。可以說，如果不是藉助於徭役制度，明代各級地方政府就會完全陷於癱瘓，更不必說有效發揮各種必不可少的行政職能了。

由於徭役是明前期江西地方財政收入的主要來源，而明初的徭役既無定項，亦無定額，各級地方政府皆可相當隨意地徵發民

力，這就必然導致地方財政規模的日益膨脹。弘治、嘉靖時人何瑭曾說：「國朝使民之法，除里甲正辦外，如糧長、解戶、馬頭、船頭、館夫、水夫、馬伕、祇候、弓兵、皂隸、門（子）禁（子）、廚（役）、斗（級）之類，無所不役，固已多矣。……近年以來，則常役之外，雜派伕役，紛紛而出，如砍柴夫、修河夫、修倉夫、運料夫、接遞夫、站夫、鋪夫、閘夫、淺夫之類，因事編僉，蓋有不可勝數者矣。」[156]也就是說，明前期江西的徭役征派具有相當明顯的自主性與隨意性，因而也就導致了徭役名目的不斷增加，地方財政的總體規模日益擴大。當時的江西士紳對此大為不滿，紛紛指責地方官濫用民力。成化二年狀元、江西永豐人羅倫致書府縣主官：「吾邑之民，田於苛斂，其患甚矣。……古之徵者三，君子用其一緩其二。今日有秋糧之徵，有夏稅之徵，有上中戶之徵，用其五用其六矣。欲民之不流離而去為盜也難矣。為民父母，行政何忍於此也？諸徵姑勿論，以上中戶言之，吾幼時猶未有也，祖宗之時未有此法也，各布政司未有此例也，作俑者何人手？始者一里或一二名，今一里有十數名者，一家有兩三名者，一都有百十名者。聞諸人云，全縣二千六百名，摵則曰一千四百八十名。籲，何其多也！」[157]王宗沐嘉靖時任江西提學副使，瞭解賦稅、差役為害甚廣的實情，故在編纂《江西省大志》時詳記賦、役節目，希圖後之當政者能有所借

---

156 何瑭：《民財空虛之弊疏》，《明經世文編》卷一四四。
157 羅倫：《與府縣言上中戶書》，《明經世文編》卷八四。

鑑：「餘次均書，未嘗不卷書而起，復廢而嘆也。嗟乎！古治不可復見矣。……江西現無干戈饋運之擾，而官患不給，民患不供，僅僅卒歲，若不能為國。自有司而上，與夫伕役，驛兵之屑碎，無絲毫不取諸民，而猶以為不辦，何也？」[158]

由於地方財政規模的日益膨脹，使人民負擔日益加重，進而導致了人口逃亡、里甲敗壞等現象的出現。如峽江縣，據明人錢琦《恤新縣疏》記載：「里或止二、三甲，甲或止一二戶，甚至里無一甲、甲無一戶者有之。藩司每年總派雜輸，例照舊額，一里常兼數里之差，一戶常兼數戶之役，徵求煩而財力絀。」在興國，嘉靖年間知縣海瑞也頗有同感，：「（興國）嘉靖三十年以前，猶四十四里，今止三十四里。卑職到任後，極力招來，今亦得四十里，其間半里、一分、二三分里尚多，通十排年計之，該五百七十七人，今止有四百三十二人，其間有里長而全無甲首者，有甲首而止存一、二戶，戶止一、二人者。」[159]

為了減輕人民負擔，緩和社會矛盾，明前期有不少地方官試圖去除冗役冗吏，控制地方財政規模的惡性膨脹。成化六年，夏時正以大理寺卿巡視江西災情時，除無名稅十餘萬石，汰諸司冗役數萬，奏罷不職吏二百餘人。[160]正德年間，清江知縣王泰以舊里甲值日科取無度，除十之七。[161]

158 萬曆《江西省大志》卷二《均書》。
159 海瑞：《興國八議》，《明經相文編》卷三〇九。
160 光緒《江西通志》卷一二七《宦績錄》。
161 雍正《江西通志》卷六一《名宦》。

明中葉江西「四差」的演變與地方財政體制的改革[162]

在明代賦役史上，每項政策的改革和推行，江西幾乎都是率先執行或試行的省區之一，而後才在他處推廣。明中葉江西地方財政體制的改革，始自於正統年間推行的「均徭法」，至隆慶年間全面實施「一條鞭法」時基本完成。在這歷時一百多年的改革過程中，各種主要徭役的征派逐漸趨於定額化，而各級地方政府的財政收支也逐漸實行分項定額包乾，從而形成了以定額管理、分級包乾為特徵的地方財政體制。里甲、均徭、驛傳、民兵等「四差」的演變為其基本線索。

早在景泰年間，江西巡撫韓雍為瞭解決里甲負擔不均的問題，開始對原來由里甲承辦的祭祀、鄉飲等費用實行定額，由官府統一徵銀辦理，稱「里甲均平銀」，亦稱「公費銀」或「板榜月辦」，規定「每里出銀六兩，非全里者殺其半」。但這一改革未能考慮到各里之間的貧富差別，對「里甲均平銀」的定額也未能嚴格限制，故不久便滯而不行。據明人記述：「（均平銀）後漸增至十二三兩，里甲逃亡，遞年拖欠。」到正德年間，巡撫俞諫對「里甲均平銀」的徵派辦法再次實行改革，其法是「依丁糧均派，一縣通融，每里不過九兩之數」[163]。此次改革的重點，仍是對「里甲均平銀」實行定額包乾，並使里甲正役的編審範圍突

---

162 按：本節及下節參考鄧智華《明中葉江西地方財政體制的改革》，《中國社會經濟史研究》二〇〇一年第一期。

163 嘉靖《東鄉縣誌》上卷《戶口、土產、貢賦、力役》。

破了原有里甲的界限，具有「攤丁入地」的意義，為後來一條鞭法的出台開闢了道路。

　　地方官們接連在改革徵收辦法上做文章。起初，右布政使蔣曙提出，酌民糧多寡以為額，視地肥瘠以為徵，大約糧一石輸銀七錢五分。嘉靖十七年巡撫胡岳、布政使夏邦謨、參議王昺進而劃分七則，力圖使賦稅負擔與肥瘠程度更相稱。七則的劃分，雖區分了各縣的情況，但是各縣的田還有旱澇肥瘠不同，處於同一科則之中，仍然很不均平。而且「里甲」、「歲派」、「雜辦」的徵派，「多民間不盡知，且不與糧偕徵，則奸民納其急者，而遺其緩，終不輸官司。而有司於派時不能盡勾考，吏緣為奸」。諸種奸弊，導致農民破產。

　　嘉靖初，盛應期對江西「里甲均平銀」的徵收和支應辦法實行改革，「奉勘合改議，將一府丁糧分作十年，（吉安府）每年每石派銀三錢五分，名曰『里甲均平』」[164]。此次改革把十年內各府的「里甲均平銀」均分於全府的丁糧之上，其前提無疑是對每府十年內的里甲正役實行了定額包乾。不過，由於當時地方政府對徭役征派仍有較大的自主權，「里甲均平銀」的定額往往被突破，這就難免導致逋欠，難以長期維持。嘉靖年間樂安紳士陳振在《虛稅策》中一針見血地指出，樂安錢糧「逋欠」的根本原因之一，在於「均平加派逾常」[165]。隆慶年間在江西推行「一條

---

164 聶豹：《雙江聶先生文集》，卷八《答東郭鄒司成四首》。
165 同治《樂安縣誌》卷一〇《藝文》。

鞭法」的巡撫劉光濟，認為里甲之役的癥結在於地方官可以隨意征發民力，因而使人民負擔日益加重。因此，他主張徹底革除里甲之役，對地方政府的經費實行嚴格的定額包乾。[166]劉光濟的改革方案，反映了「一條鞭法」的基本立法精神，即藉助於定額包乾體制，限制地方財政收支的規模，減輕民間的賦役負擔。明代江西里甲之役的改革，至此才趨於定型。

　　明初雜役的編僉，是根據黃冊上登載的各里甲人戶的戶等，臨時量戶點差，依照戶等不同排定級別，上戶派重差，下戶派輕差。然而，由於點差之權握於里長之手，常有裡長貪污受賄、「放富差貧」的現象發生，致使戶等與差役負擔並不相符。為糾正這一弊端，正統年間的江西按察司僉事夏時首行「均徭法」[167]，把原「雜泛」中的一些經常性差役，如各級衙門及儒學、倉庫中額設庫子、斗級、皂隸等，分出別列為一類，統稱「均徭」，與其他臨時性的雜役相區別。同時，還把這些「均徭」之役分成上、中、下三差，「查勘實在丁糧多寡，編排上、中、下戶，量計雜泛重輕等第，僉定挨次輪當」[168]。此法行之不久，即遭參政朱得等人反對，一度中止。景泰二年，韓雍以右僉都御史巡撫江西時，才又恢復此法，史稱其「編冊輪役，一勞九逸」[169]。

---

166 劉光濟：《差役疏》，雍正《江西通志》卷一一七《藝文》。
167 按：均徭法由江西地方官柯暹首創，再由夏時推廣到全省。據《明史》卷一六一《夏時傳》載，「（夏時）其為（江西）僉事時，進知州柯暹所撰《教民條約》及《均徭文冊》式，刊為令。人皆便之。」
168 嘉靖《海寧縣誌》卷二《田賦志》。
169 《明史》卷一七八《韓雍傳》。

明中葉江西的「均徭法」改革，主要集中於革除派役過程中的流弊，使不同里甲與戶等之間的徭役負擔相對均等。例如，正統十一年四月，「江西巡撫孫隧定均徭則例，革下里概徵之弊，定人戶九等之則，而又專責牧守丞判派徵額數，一洗吏胥之弊，痛懲包攬之徒」[170]。這一改革旨在減輕「下里」與貧民的均徭負擔，強化官方對派役過程的控制和管理，但由於仍是以里甲和戶等為派役標準，實際上很難「一洗吏胥之弊」。嘉靖三十六年，江西巡撫馬森實行「十段冊法」，造「十段冊」，對均徭之役的征派辦法再次進行改革。「十段冊法」的具體實施為：「（將）實在丁糧分為十段，如一甲有餘割之以遺二甲，不足取二甲補之」，並且「每年據以審編」。[171]這一改革打破了派役過程中的里甲界限，把原來按里甲編派改為按實際丁糧編派，這對於調整里甲之間的負擔不均來說是一大進步。然而，此項改革並沒有改變「十年一編」、「一勞九逸」的派役原則，民眾在輪役之年往往不堪重負，因而迫切要求廢除「十年一編」的輪役制，推行逐年均攤的「一條鞭法」。

嘉靖四十年至四十五年間，江西學政王宗沐與巡撫周如斗等曾先後倡行「一條鞭法」，但都未能付諸實施。直到劉光濟於隆慶年間在江西全省推行「一條鞭法」，才最終廢除了「十年一編」的輪役制，「盡革徭編，據實在丁糧徵銀入官，雇直歲以為

170 徐學聚：《國朝典匯》，卷九〇《戶部》。
171 萬曆《新修南昌府志》卷八《差役》。

常」¹⁷²。劉光濟對均徭之役的改革重點，並不在於派役辦法，而是在於定額包乾。他認為，當時無論是「銀差」還是「力差」，都有層層加派之弊，「弊多而法疏，則民害滋甚」。因此，他主張對各種均徭之役全部徵收代役銀，並實行嚴格的定額包乾，以杜絕層層加派之弊。在他後來推行的「一條鞭法」中，這一改革方案得到了全面的實施。

驛傳是明代有名的重役，服役者不僅要無償提供勞務，而且要提供車、船、馬等交通工具及沿途各種費用。洪武二十七年，江西樂平縣民方處漸建議，驛傳之役負擔過重，應按里甲十年一輪。戶部集議之後提出：「天下水馬驛遞運所夫，其役至重，雖蠲稅糧而久不得代，睏乏之故，皆由於此。今後不須免糧，但於各布政司所屬境內，計水馬驛、遞運所船、馬、車、牛之數，以所隸民戶，照依舊僉糧額，加倍均派，不分民匠，依次輪充，周而復始。」朱元璋批示：「若依舊例數止加一倍，恐不足以甦民力，命增至五倍，余如所議。」¹⁷³這樣，驛傳之役就從少數人的永充之役演變為社會性的輪充之役。明中葉以前，江西的驛傳之役一般是按甲輪充，十年派役一次，至嘉靖初年，始改為「照糧科銀，以銀編差」。此次改革的重點，是把原來按甲輪充的驛傳之役，直接向現有田糧攤派，以避免派役時「苦樂不均，弊端繁滋」。值得注意的是，在此項改革之前，驛傳之役可能已由力差

---

172 萬曆《新修南昌府志》卷八《差役》。
173 《明太祖實錄》卷二九，洪武二十七年正月丁亥。

演變為銀差，而且已經開始實行定額包乾，因而才有可能「照依各差所費銀數，挨圖積算編僉」。

嘉靖年間，江西又多次對驛政實行整頓，從而使驛傳之役的定額包乾體制更為完善。大致說來，在劉光濟實行「一條鞭法」之前，江西驛政中的定額包乾體制已基本形成，因而驛傳也就作為「四差」之一，直接納入「一條鞭法」下的地方財政包乾體制。

明初在全國建立衛所制度，兵員則取自世襲的軍戶，此外並無「民兵」之類的地方武裝。明中葉前後，各地軍戶大量逃亡，衛所制度趨於解體，無力維護社會秩序，因而始有「民兵」之役。江西的民兵之役，據說是正德年間為鎮壓瑞州府華林寨的農民軍而征派的。萬曆《新修南昌府志》記載：「傳聞父老云，江西原無民兵，設兵自華林之役始。蓋戎伍虛耗，乃籍民兵，而贍兵之費取辦丁糧。各州縣大率十年更編，例除優免、沙逃應豁者，均計實編之數以滿其額。丁糧多者為籍首，諸小戶附益之；每兵給一由票，聽其自充或募人，而徵銀於編戶。」[174]可見，早期的民兵之役是按丁糧徵派的，民間以若干丁糧供應一兵，可「自充或募人」，而不服役者則納銀代役。到嘉靖年間，民兵之役開始改徵「工食銀」與「戎裝銀」，用於各級官府的募兵、練兵費用，從而逐漸形成了定額包乾體制。萬曆《新修南昌府志》記：

---

174 萬曆《新修南昌府志》卷八《差役》。

嘉靖二十二年，分上、下班，始定工食銀參兩陸錢，戎裝銀壹錢。明年罷更番之令，增工食銀壹兩貳錢。又明年增銀陸錢，戎裝銀倍給。至嘉靖三十五年，撫院蔡（克廉）以兵冗費繁，簡練無法，而內儲適告乏，於是視額數過三百名者十裁其一，其存者十選其二，號為精兵，余為常操兵；衛所軍餘亦十選其一，並練於各府，增工食銀柒兩貳錢。裁兵全徵輸部餉，存兵俱扣銀二兩，貯府庫以充精兵，按月給賞示優異。撫院馬（森）又以省城兵寡，募兵三百名，另裁各縣額兵銀解給。撫院何（遷）參酌前規，以會冊續減之額為據，大率每兵百名選二十名為精兵，裁十兵徵解部銀，裁一兵徵解募兵銀，常操兵仍叩（扣）銀存庫，精兵則盡給為工食。隆慶二年，撫院劉（光濟）改入一條鞭徵銀，當官雇直（值），精、常兵工食如故。[175]

這說明在劉光濟實行一條鞭法之前，江西的民兵之役也已形成定額管理與分級包乾體制，而劉光濟對此亦未作改易，只是直接把民兵費用「改入一條鞭徵銀」，並實行「當官雇直」，維持了原有的定額包乾體制。

隆慶及萬曆前期一條鞭法在江西的推行

明中葉江西「里甲」、「均徭」、「驛傳」、「民兵」等「四差」的演變，既為「一條鞭法」的出台準備了條件，同時提出了新的要求。劉光濟受命推行「一條鞭法」的主要目的，是為了整頓

---

175 萬曆《新修南昌府志》卷八《差役》。

「役法」。他認為，當時江西「賦役繁重，貴在均平，民力困紲，要當節省」，因此，整頓「役法」必須從控制地方財政規模入手。他在《差役疏》中自述：

　　臣待罪江右，竊見土地瘠薄，民鮮蓋藏，橫徵厚斂，科派無紀，生民之困，莫大於此。隨行布政司會同各司、道官，將里甲差徭逐一查議，又選委練達政體有司官，稽諸成法，參以時宜。凡歲徵歲用咸為劑量，冗役冗費盡為汰革。稅糧則定為徵解之法，徭役則定為編派之規……臣又慮公私費用苦節則不可久，力役工食過損則不樂從，勉強一時，終難善後。又經復行會議，隨事損益，頗協人情。凡徵收、起解、給散、支銷等項，皆有規則。誠為一時補偏救弊之術，於地方似為相宜。[176]

　　在實施「一條鞭法」的過程中，先對各級地方政府的財政費用作了全面的清理，「凡歲徵歲用咸為劑量，冗役冗費盡為汰革」，然後才根據實際需要，制定新的賦役制度與財政法規。因此，這一改革經歷了長期的籌劃與實驗過程，而非一蹴而就。劉光濟入江西後，「召撫州府同知包大煥、南昌府司理張守約、吉安府司理鄭恭、饒州府司理孫濟遠、新建令王以修、廬陵令俞一貫、臨川令蔣夢龍，鎖棘院而校計之。時胡少保從子文學胡緹，善計慮，習賦役法，並召之從包等謀議。議上，劉悉懸諸署壁，

---

176 劉光濟：《差役疏》，雍正《江西通志》卷一一七《藝文》。

旦日仰觀俯思，三月乃定南（昌）、新（建）二邑條鞭法，明年始遍七十餘邑」[177]。隆慶二年劉光濟再次上疏奏請，於四年正式得朝廷批准，「以此法行之江西，其後閣臣高新鄭（拱）、張江陵（居正）會戶部議通行之。海內到今遵守」[178]。

所謂「一條鞭法」，《明史》的記載是：「總括一州縣之賦役，量地計丁，丁糧畢轉於官。一負之役，官為僉派。力差則計其工食之費，量為增減，糧差則計其交納費，加以（增）耗。凡額辦、派辦、京庫歲需與存留，供億諸費，以及土貢方物，悉並為一條，皆計畝征銀拆辦於官司。」[179]關於江西「一條鞭法」改革的具體內容，萬曆《明會典》有如下記述：

（隆慶）四年（戶部）題准：江西布政司所屬府州縣各項差役，逐一較量輕重。系力差者，則計其代當工食之費，量為增減；系銀差者，則計其扛解交納之費，加以增耗。通計一歲共用銀若干，依照丁糧編派。開載各戶由帖，立限徵收。其往年編某為某役，某為頭戶、貼戶者，盡行查革。如有丁無糧者編為下戶，仍納戶銀；有丁有糧者，編為中戶及糧多丁少與丁糧俱多者編為上戶，俱照丁糧並納，編為定例。[180]

---

177 雍正《江西通志》卷二三《田賦一》。
178 萬曆《明會典》卷二〇《戶口・賦役》。
179 《明史》卷七八《賦役二》。
180 萬曆《明會典》卷二〇《戶口・賦役》。

上述記載是以「役法」改革為中心的。可以看出，此次改革的關鍵是對「各項差役」實行全面的定額管理，並統一折徵貨幣，這樣才有可能「通計一歲共用銀若干，依照丁糧編派」。因此，在「一條鞭法」改革中，必然形成以定額管理為基礎的財政包乾體制。由於當時各級地方財政的主要來源是「四差」，因而這種財政包乾體制也主要表現為對「四差」的定額管理與分級包乾。從隆慶至萬曆初年，江西「一條鞭法」得到了較為嚴格的執行，各級地方財政的定額包乾體制也不斷趨於完善。隆慶六年，江西布政使司刊行了《四差凡例》共三十九條；萬曆十四年，又刊行了《新定四差凡例》共十七條。[181]在這兩件早期的「一條鞭法」文獻中，都有關於各級地方財政定額包乾的詳細規定。從規定可知，萬曆年間全面推行的「一條鞭法」，其實可歸納為以定額管理和分級包乾為特徵的地方財政體制。在「一條鞭法」的實施過程中，中央曾要求各級地方財政的收支與管理儘可能地規範化與制度化，而當時江西的撫、按及諸司衙門也曾有過相同的願望。但任何好的制度的實施和好的願望的實現都需要有良好的社會風氣和相對廉潔的官場風氣，而明後期所缺乏的是這種風氣，更何況內憂外患的疊起，國家各種用度急遽增加，「一條鞭法」在全國和江西的命運就無法樂觀了。

181　萬曆《新修南昌府志》卷八《差役》。

第一章・明朝在江西的統治

153

全國性財政危機的發生和江西地方財政體制的敗壞[182]

隆慶初年試行的江西「一條鞭法」，至萬曆初年已基本定型。據史料記載：「隆慶二年，撫院劉（光濟）盡革徭編，據實在丁糧徵銀入官，雇直〔值〕歲以為常，撫院顧力成之。隆慶四年，撫院徐稍加潤色。萬曆十四年，撫院陳、撫院孫協議，酌定諸役凡例，稍增損焉，其法大備。」[183]當時中央及地方各級官吏皆對江西「一條鞭法」頗為讚賞，視之為全國「一條鞭法」改革的楷模。在推行「一條鞭法」的過程中，江西省府州縣官員及家居朝官中的有識之士，大都表現出極大的熱忱，使得江西「一條鞭法」的推行，在全國不僅歷時最久，亦最為穩定深入。其政績顯著者，在嘉靖、隆慶間有南昌知府丁應壁、瑞州知府鄧之屏、九江知府張應治、撫州府同知包大耀、南昌府推官張守約、廣信府推官孫濟遠、新建知縣王以修、盧陵知縣余一貫、臨川知縣蔣夢龍、南昌知縣胡提、進賢知縣湯聘尹、德化知縣余汝為、新淦知縣李樂、金溪知縣唐本堯、安仁知縣謝汝韶、南康知縣余世康，南昌家居兵部侍郎萬恭、南昌家居工部侍郎劉伯耀、進賢家居刑部侍郎曾鈞等。萬曆以後又有巡撫徐栻、凌雲翼、楊成、潘季馴、陳有年，吉安知府汪可受，南昌知縣顧沖吾、新城知縣章宗禮等。[184]

---

182 參考鄧智華：《明後期江西地方財政體制的敗壞》，《江西師範大學學報》二〇〇三年第五期。

183 萬曆《新修南昌府志》卷八《差役》。

184 參閱梁方仲：《明代一條鞭法的論戰》，《梁方仲經濟史論文集》，中

江西「一條鞭法」試行之初，「每年通計丁糧、瑣條諸費，相提衡論，而視所出頗裕計焉」[185]。可見，當時各級地方財政預算留有餘地，相對寬裕。顧炎武論曰：「夫議法始乎寬，則其將畢也不弊，蓋始事亦當從寬議矣」[186]。劉光濟在籌劃改革方案時，雖然是以「節省」為己任，但也明確指出：「公私費用苦節則不可久，力役工食過損則不樂從，勉強一時，終難善後。」因此，其立法原則是：「一州一縣咸有經常之用，既不失之苦節廢禮而妨事，而坊里輪年應役，可無額外誅求之累矣」[187]。

然而，在萬曆初年的張居正執政時期，這一適當從寬的立法原則被放棄，各類財政預算受到了大規模的壓縮，直接破壞了原定的地方財政包乾體制。萬曆十四年，張棟在《瑣拾民情乞賜採納以隆治安疏》中指出：「裁減無實利。……即如條鞭一事，其初議也，未始不因地方之繁簡而定公費之盈縮也。一歲所用，取足於一歲所輸，民未見其為病也。有司者欲投時好、博名高，則取於原定之數，而日請縮焉，然不能縮於用也，遂令所入無以支所出矣，而包賠加派之弊滋矣。」萬曆《吉安府志》也有類似記載：「夫議法者始乎寬，則其將畢也。……後乃一二沽名者減其數以悅上，上之人從而悅之，於是數數而用不舒。」[188]

華書局一九八九年版。
185 萬曆《新修南昌府志》卷八《差役》。
186 顧炎武：《天下郡國利病書》，卷八〇《江西二》。
187 劉光濟：《差役疏》，雍正《江西通志》卷一一七《藝文》。
188 萬曆《吉安府志》卷一三《戶賦志》。

　　由於裁減地方財政經費必然導致「包賠加派」之弊，「一條鞭法」也因此日益敗壞。萬曆《新修南昌府志》記載：「萬曆初，奉例裁革（驛站）冒濫，自元年至三年已支剩銀十分之三，三年以至五年又支剩銀十分之五。節省既多，該前撫院潘准驛傳道王條議，即以餘剩銀抵充。六年分驛傳支費，免派於民，又定各驛遞經費並各役工食，刊載站冊，歷歷可考，至今因之。」又如江西各地的民兵經費，「（萬曆）六年撫院徐更定之，各州縣每兵一名，正編銀七兩六錢，削除一兩三錢免編，其各兵工食悉仍舊例。各州縣額兵量增損之，南昌等一十一府，除南、贛二府不計外，通共每年減銀二萬六千餘兩，至今遵行」。此外，各級地方政府的其他額定經費也時有裁減，如《新定四差凡例》規定：「府州縣新官到任，祭祀、公宴、修衙、家火等項，已各照品級派有定數。但見今方行，久任未必年年到任，若每年全徵，不無浮冗。合查照南昌縣事例，每年減半派徵，收候新任支用，不許朦朧全派。」[189]

　　到萬曆中期以後，明神宗大肆搜刮民財，對地方財政也造成了嚴重的衝擊。如萬曆二十七年，「以諸皇子婚，詔昭取太倉銀二千四百萬兩，戶部告匱，命嚴核天下積儲者」[190]，這是對地方財政的公然掠奪。而臭名昭著的礦監稅使，不僅破壞了正常的社會經濟秩序，也加重了地方財政的壓力。萬曆二十九年景德鎮爆

---

189 萬曆《新修南昌府志》卷八《差役》。
190 《明史》卷二一《本紀・神宗二》。

發驅逐稅監潘相的民變，就是因其肆意搜括民財而起。此時，江西地方財政已陷入困境，各種法外加徵接踵而起，「一條鞭法」破綻百出，各級地方財政的定額包乾體制也難以維持了。

前人論及明末「一條鞭法」的敗壞，大多歸因於官吏的貪污腐敗。但平心而論，當時即使是廉潔自律的地方官員，也難以完全避免法外加徵。萬曆年間浮梁知縣論云：「舊差以鞭銀用里長領辦，民以為苦。今一切官辦，民享安逸無事之福，而官有肆應掣肘之煩。驛站一項，原額銀千餘兩，累裁不及十分之一，遇差不減，無米之炊，每苦攢眉。」[191]故浮梁縣不得不突破原有定額，加派夫、馬差銀。

天啟及崇禎年間，江西地方財政因「三餉加派」而進一步惡化。據明末畢自嚴《度支奏議・江西司》記述，天啟七年江西欠餉達十七萬餘兩，崇禎元年餉額三十三萬兩竟「分毫不解」。崇禎五年，解學龍巡撫江西，「疏言所部州縣七十八，出逋賦者降罰至九十人」[192]。當時江西地方財力之虛竭，可見一斑。崇禎時曾派太僕寺卿朱大啟到江西催餉，奏復：「江右貧瘠，正額且不支，乞免額外搜括。」[193]實際上，明末江西已無穩定的地方財政來源，地方許多必不可少的經費都依賴於臨時派役，已無法維持原有的賦役定額，因而也不可能實行地方財政的包乾體制。

191 康熙《浮梁縣誌》卷四《賦役志》。
192 《明史》卷二七五《解學龍傳》。
193 雍正《江西通志》卷五九《名宦三》。

　　自萬曆中期以降，明朝的財政狀況日益惡化，陷入普遍的財政危機，各種加派接踵而至，各級地方政府的財政包乾體制受到了嚴重破壞，「一條鞭法」名存實亡。其中原因，不僅和官吏的日益腐敗有關，也受到當時險惡的內外形勢的影響。

第二章 ——
明代江西人口的流動與
地方社會的治亂

第一節 ▶「江西填湖廣」及西南地區的江西移民

一 江西及湖廣的人口土地狀況

明代以前江西與湖廣經濟地位的變化

在秦始皇統一中國之前，江西的部分地區是楚國的屬地，而北部的部分地區又曾經是吳國的屬地。漢初根據山川地理的形勢，以南昌為中心，在今日江西範圍內設置豫章郡，使得江西成為一個獨立的行政區，同時也加強了這一地區內部的政治經濟連繫。但從經濟文化發展的進程來看，「吳頭楚尾」的江西中心地區不僅落後於原屬吳越的蘇南和浙江，也仍然落後於原楚國的中心地帶江漢地區。

明人王士性的《廣志繹》，有一段專門討論長江流域地理形勝的文字：

> 古今譚形勝者，皆云關中為上，荊、襄為次，建康為下。以今形勝，則襄陽似與建康對峙者。建康東、南皆山，西、北皆水，襄陽西、南皆山，東、北皆水。以勢則襄陽據險而建康無險，以勝則江水逆來而漢水順去。故論荊、襄，則襄不及荊，其規模大而要害攬也。[1]

1　王士性：《廣志繹》，卷四《江南諸省・湖廣》。

這種討論從純軍事觀點出發而且以秦滅六國的既成事實為依據。儘管從地理形勢上說，黃河上游的關中比黃河下游的齊魯，長江中游的荊襄比長江下游的吳越或許更具有軍事意義，但華北平原及東南地區農業、手工業的發展及沿海地區的食鹽供給，卻非關中及荊襄可比。東漢定都洛陽，以及後來三國時的吳國將都城定於建鄴，東晉及宋、齊、梁、陳均定都南京，已經開始了中國傳統社會政治中心的東移。而長江流域的政治中心，也不可挽回地東移至南京一帶。地處兩湖平原的荊州、襄陽、武昌也就失去了大區域政治中心的地位。從一定意義上說，荊楚曾經通過軍事力量征服了吳越，吳越卻以經濟力量戰勝了荊楚。

江西在經濟文化上趕超湖廣的步子，正是在這一過程中開始的。

南京作為長江流域政治中心地位的確立，使得江西較湖廣處於更為有利的地位。兩晉之際北方移民南下，以南京為中心，在東起鎮江、西至武昌的長江沿岸建立了一批移民點，並經這些移民點將北方的人口及其文化和生產技術傳輸到包括鄱陽湖平原和贛中丘陵在內的各地區，對這些地區經濟文化的發展起了重要的推動作用。相對於江西，湖南、湖北即明代的湖廣地區則受惠較小。

而另一方面，湖廣特別是湖北江漢地區號稱「九省通衢」，這本來對經濟發展極為有利，但也因此多次受到戰爭的摧殘。其影響甚大者如宋元之際，元憲宗蒙哥、世祖忽必烈數次南下攻宋，均以襄陽為用兵之地。從蒙哥汗四年（1254 年）十一月蒙古軍在光化築城開始，至世祖忽必烈至元十三年（1276）元軍攻

克潭州止，宋元雙方在湖廣地區的爭奪戰前後延續達二十多年，襄陽、荊州一帶備受罹難。[2]時隔七十年，元末農民起義爆發，隨後是朱元璋、陳友諒兩大勢力的角逐，戰火連續燃燒了十多年，湖北武昌、蘄州一帶為重要戰場，社會殘破、人口逃亡。在征服陳友諒集團之後，明太祖又對荊襄一帶實行經濟封鎖：「命鄧愈以大兵剿除之，空其地，禁流民不得入。」[3]而江西除了鄱陽湖一帶在元末經受短時戰事之外，其餘地區自秦漢以來均無大的戰亂。正如明人王世懋所說：「江西東南大都濱江帶湖，四要之地。自三代以還，其戰爭之略盡於此矣。此乏則彼乘，民安則盜戢，趁除機宜，可指諸掌者。入我朝，正德以後，則漸入於多事，蓋不復可以雅馴優游理矣。」[4]即使有戰亂，也只侷限在鄱陽湖一帶，而未深入腹地，只是在明正德時，才為多事之秋。

彼消此長，江西的經濟發展在長時期的積累之後，逐漸超越湖廣而直逼兩浙。經濟的發展，也使江西逐漸取得了更為重要的政治地位。雖然漢初設立了豫章郡，初步確立了今日江西的範圍，但在漢武帝時分十三州、西晉初期分十九州時，江西地區仍

2　《元史》卷五九《地理志二・河南江北等處行中書省》載：武當縣，「兵亂遷治無常」；鄖縣，「兵後僑治無常」；廣濟，「宋嘉熙兵亂，徙治大江中洲」；黃梅，「嘉熙兵亂，僑治中州」；羅田，「兵亂縣廢」；黃陂，「兵亂僑治鄂州青山磯」；麻城，「兵亂徙治什子山」；監利，「宋末兵亂民散」；夷陵，「宋末隨州（按：指峽州）遷治不常」；京山，「兵亂移治漢濱」；景陵，「兵亂徙治無常」。

3　谷應泰：《明史紀事本末》，卷三八《平鄖陽盜》。

4　王世懋：《實書》，《明經世文編》卷三四五。

屬揚州或分屬揚州和荊州。晉惠帝元康元年（291），以「荊、揚二州疆土廣遠，統理尤難」，割揚州之豫章、鄱陽、廬陵、臨川、南康、建安、晉安，荊州之武昌、桂陽、安成，共十郡，「因江水之名而置江州」[5]。州治初在豫章，後遷武昌，東晉時遷尋陽，南朝仍遷豫章。江州的設置，使江西的中心地帶同時也成為今日湘鄂贛交界地區的中心，江西的核心地區也不再隸屬他州，與郢州所管轄的今湖北一帶、湘州所管轄的今湖南一帶處於同等地位。唐設江南西道，採訪使駐南昌，理事範圍為宣、歙、池、洪、江、鄂、岳、饒、虔、吉、袁、信、撫、潭、衡、永、道、郴、邵等十九州，相當於今江西全省及安徽的江南地區、湖北的東部地區、湖南的東部和南部地區。元設江西等處行中書省、湖廣等處行中書省，江西與兩湖處於同等的政治地位。這種情況的出現，直接原因便是江西和湖廣地區經濟地位的變化。

人口的多寡歷來是中國古代社會衡量地區間經濟發展狀況的主要參照。據《漢書‧地理志》，兩漢時期，湘鄂贛人口最密集的地區是荊州的所在地南郡，即以江陵為中心的江漢平原，這裡曾是楚文化的核心地區，三國時期則是魏、蜀、吳三國特別是吳、蜀二國的必爭之地。其次是長沙國，即以長沙為中心的洞庭湖平原。而從所設郡縣來看，兩湖也比江西更為稠密。這也體現出地區間經濟發展的不平衡，江西落後於兩湖特別是湖北。

《新唐書》卷四一《地理志》各州戶口數據則顯示：唐中

5　《晉書》卷一五《地理志下》。

期，江西設縣已接近兩湖特別是湖南，而戶口數則分別超過了兩湖。就江西而言，戶口最為稠密的是饒州、洪州和吉州，即鄱陽湖平原和吉泰盆地。就兩湖而言，戶口最為稠密的則是漢水流經並靠近政治中心的襄州，以及與經濟、文化較為發達的淮南接壤的蘄州。由於設縣較少，所以無論是每縣平均的戶數還是口數，江西幾乎都是兩湖的兩倍。

南唐、兩宋是江西經濟文化的大發展時期，其結果如《宋史》卷八八《地理志四》所載，江西設縣超過了兩湖，戶、口總數則分別超過兩湖的總和。但是，江西戶、口最多及最稠密的地區已不是地處鄱陽湖平原的饒州、南昌，而是地處贛中丘陵、吉泰盆地的吉安。吉安無論是戶、口總數還是縣平均戶、口數，都在江西居首位。這一情況的發生，與這裡在這一時期既相對接近政治中心、又沒有戰亂的威脅有直接關係。

根據《元史》卷六二、六三《地理志》五、六統計，元代江西的戶、口比為 1：5.14，與通常的比例大致相當，但其中吉安、袁州、臨江、撫州四府口數恰恰是戶數的五倍，說明統計有問題，只是簡單地以一戶五口計算。湖北的戶、口比為 1：4.41，湖南為 1：3.14，是湖南仍然是以丁數、半丁數代替人口數。但從戶的多寡仍可以看出兩湖與江西的差距。在中國古代的戶口統計中，戶的統計往往比口的統計更為確切。如果均以每戶 5.14 計，則湖北為 2767283 口、湖南為 10403788 口。湖南人口為江西的 2/3 湖北為 1/5，兩省合計仍不及江西。江西諸路，饒州路在元代人口竟達 400 多萬，與吉安、南昌、撫州同為江西的戶口眾多的地區，臨江雖然戶口總數不多，但由於面積遠遠小於

以上諸路，所以人口稠密。相比之下，湖南除潭州、常德、澧州之外，其餘戶口都較少。而飽經戰亂的湖北，更是人口稀少。

如以漢平帝時的戶、口數為基數，則江西在唐、宋、元時戶、口分別為 3.68 倍、4.76 倍，29.75 倍、12.66 倍，41 倍、40 倍；湖北分別為 1.28 倍、1.39 倍，3.13 倍、1.18 倍，2.95 倍、2.53 倍；湖南分別為 1.51 倍、1.27 倍，8.6 倍、3.46.倍，14.34 倍、7.97 倍。可以看出：江西戶口增長最快，湖南其次，湖北最慢。

明代湖廣的幅員及耕地

一方面是江西的戶口數遠遠高於湖廣，另一方面則是湖廣的幅員遠遠大於江西。

明朝的湖廣北起上津、光化，與陝西、河南交界；南至九疑山，與兩廣接壤；西起施州、沅州，與四川、貴州相鄰；東至羅田、黃梅，與安徽、江西相連；東西最寬處約六百千米、南北最長處約一千千米，面積約四十萬平方千米，是當時全國數一數二的大省。

時人包汝楫既驚湖廣面積之大，又嘆湖廣曠土之多：

> 楚魏間濱河處淤田，往往彌望無際，其開墾成畦者，動輒千億，真天地間未闢之利也。……襄江道熾，沿堤上下，蘆蕩不知幾千頃，土色青黃相錯，地形亦不窪，此吾鄉腴田也。不識何故，棄不樹藝，竟作樵湯沐邑。海內曠土，總不如湖廣之多，湖

廣真廣哉。**6**

　　王士性則在感嘆湖廣之大的同時，提出將其部分割給貴州和廣西，以使全國十三省大小均勻：

　　湖廣在春秋、戰國間稱六千里大楚，跨淮、汝而北之，將及河。本朝分省亦惟楚為大，其轄至十五郡，如鄖之房、竹山，荊之歸、巴東，與施、永、偏橋、清浪等衛所，動數千里，入省逾月，文移之往復，夷情之緩急，皆所不便。而辰、永督學，屢合屢分，鄖、沅開府，或罷或興。黎平生儒，此考彼試，種種非一。況貴竹、粵西兩省，雜以瑤僮夷苗，主以衛所，間以土酋，咸不成省，院司以官至者，人我咸鄙夷之。謂當以辰州、沅州、靖州分屬貴陽，永州、寶慶、郴州分屬粵西，則十三省大小適均，民夷事體俱便。**7**

　　直到明後期，湖廣的許多地區特別是西部地區仍是人煙稀少：

　　施州、保靖、永順正當海內山川之中，反為盤瓠盤踞。施州東抵巴東五百里，西抵酉陽九百里，南抵安定硐、北抵石柱司各

6　包汝楫：《南中紀聞》，《叢書集成初編》本。
7　王士性：《廣志繹》，卷四《江南諸省‧湖廣》。

七百里，依稀閩、浙全省地。而永順東、南、西、北咸徑六百里。保靖東西亦五百里，南北半之。[8]

如果說王士性、包汝楫等人只是從直覺上感受到湖廣地域的遼闊和曠土的眾多，那麼史籍所載明代耕地面積，則用具體的數字證實了他們的感覺。下面是萬曆《明會典》所載洪武、弘治、萬曆時期各省的田畝數。

· 表 2-1 明代各省田畝[9]

直隸及布政司名	洪武二十六年田畝數	弘治十五年田畝數	萬曆六年田畝數
北直隸	58249951	26971393	49256844
南直隸	126927452	81018040	77394672
浙江	51705151	47234272	46696982
江西	43118601	40235247	40115127
湖廣	220217575	223612847	221619940
福建	14625969	13516618	13422501
山東	72403562	54292938	61749900
山西	41864248	39080934	36803927
河南	144946982	41609969	74157952
陝西	31525175	26066282	29292385

8　王士性：《廣志繹》，卷四《江南諸省・湖廣》。
9　萬曆《明會典》卷一七《戶部四・田土》。

直隸及布政司名	洪武二十六年田畝數	弘治十五年田畝數	萬曆六年田畝數
四川	11203256	10786963	13482767
廣東	23734056	7232446	25686514
廣西	10240390	10784802	9402075
雲南	—	363135	1799359
貴州	—	—	516686
總計	850762368	622805881	701397628

　　據表中所列萬曆《明會典》的數據，湖廣的田畝數在明代的前、中、後期均居各省之首。但正如人們所指出的那樣，湖廣的田畝數字顯然存在許多問題。一是史籍記載的不一致。如正德《明會典》記載，弘治十五年湖廣田畝數僅有二三六一二八頃，比萬曆《明會典》所記竟少二百萬頃。二是它在全國所占的比重過大。湖廣當時的面積（約 362232 平方千米）占明朝有效管轄面積（約 3298462 平方千米）的百分之十點九八，但田畝數，洪武二十六年占總數的百分之二十五點八八、弘治十五年為百分之三十五點九、萬曆十年為百分之三十一點六。

　　早在明世宗嘉靖八年，戶部尚書霍韜就對這一情況提出過懷疑：

　　竊見洪武初年，天下田土八百四十九萬六千頃有奇；弘治十五年，存額四百二十二萬八千頃有奇，失額四百二十六萬八千頃

有奇。是宇內額田存者半、失者半也。⋯⋯若湖廣額田二百二十萬，今存額二十三萬，失額一百九十六萬；河南額田一百四十四萬，今存額四十一萬，失額一百零三萬。失額極多者也。不知何故致此。非撥給於藩府，則欺隱於猾民，或冊文之訛誤也。不然何故致此也？[10]

霍韜認為，造成湖廣、河南兩省洪武二十六年和弘治十五年地畝數的巨大差距，有三種可能性：一為藩府所占，二為猾民所侵，三為冊文記載有誤。

萬曆十年二月，湖廣巡撫陳省的一個奏本，對於我們瞭解明代湖廣的稅田面積有很好的幫助：

清丈過所屬武、郴等府、州官民田地、山蕩、湖共八十三萬八千五百二十五頃四十六畝零，除補足失額九千五百六十七頃二十畝外，尚多五十二萬六百八頃六畝零，通融減派起存官民夏稅麥一十三萬二千有奇，魚課銀七百一十二兩有奇。武左等衛屯田、地、山、塘堰七萬七千七百五十六頃二十一畝零，除補足原額屯糧三十九萬六千一百二十石有奇，尚多地一萬一千二百九十五頃四十八畝零，應科屯糧五萬一千八石有奇。[11]

10　霍韜：《渭崖文集》卷三《修書疏》。另見《明史》卷七七《食貨志一》。

11　《明神宗實錄》卷一二九，萬曆十年二月癸丑。顧誠、張德信、龔勝生等學者也對明代湖廣的田畝數進行了推測，其中龔勝生的推測與丈

　　這裡所說的「武」指武昌，「郴」則指郴州。所謂「武、郴等府州官民田地」，應該理解為武昌等府、郴州等州即湖廣全省官民田地。萬曆十年清丈出來的田地、山蕩、湖共 83852546 畝，除去「失額」及「尚多」的部分，原額為 30835020 畝即 308350 頃。這裡所說的「武左等衛」，應指武昌左衛等湖廣全省屯軍，萬曆十年清丈出來的屯軍田地等，共 7775621 畝，除去「多地」部分，原額為 6646073 畝即 66460 頃。兩項相加，則湖廣軍民田地「原額」為 37481093 畝即 374810 頃；萬曆時的「實在」田地為 91628167 畝即 916281 頃。但這個「實在」的田畝數並沒有為萬曆《會典》所採用，原因不外有二：一、萬曆《會典》所用的是萬曆六年以前的老數字，而沒有用萬曆十年的最新資料，這不僅在當時是十分正常的事情，即使在今天也不足為怪。二、明朝對於土地的統計有兩套系統。以湖廣而言，國家關注的是賦田，這在陳省的奏本中已有很好的說明，過去的額田是 30 多萬頃，萬曆時增加到了八九十萬頃。至於過去當地上報及國家在冊的 200 多萬頃是無關緊要的，因此也無需予以糾正以引起不必要的爭議。湖廣面積之大為朝野所共知，湖廣曠土之多也是朝野的共識，200 多萬頃的可耕地也被認為是合理的。

　　明萬曆時湖廣軍民田地總共 91 萬多頃，與清代後期兩湖田畝數相近，應該說是比較符合實際的，雖然尚不及萬曆《會典》所載 200 多萬頃的一半，卻是後來的學者所推測的 20 多萬頃的量的結果最為接近。

四倍。明人所說的「原額」一般是指洪武時所定的稅田數，因此又可知明初湖廣的稅田應是 37 萬餘頃，比江西尚少 3 萬餘頃，比浙江更少 10 萬頃。而湖廣的面積卻是江西的 2.5 倍、浙江的 4 倍。而從洪武至萬曆，其稅田數增加了 54 萬頃。由此也可見其曠土的面積或者說可容納勞動人口的潛力是非常之大的。根據郭松義教授的統計，清初的更名田數（除山場園地）共 175126.99 頃，其中湖北 66939.91 頃，位居各省之首，加上湖南的 3991.56 頃，湖廣共 70931.47 頃[12]，占全國更名田的 40.50％，遠遠超過它的在冊田畝數在全國的比重。明政府所以在湖廣設如此多的王府，撥如此多的田地，主要原因也是認為湖廣田多人少，有大量的閒置土地。

一方面是江西田少人多，一方面是湖廣田多人少，即使沒有任何政治因素，元末明初及整個明代江西人口的向兩湖流動也是十分自然的事情。但在元末明初所發生的令世人矚目的「江西填湖廣」，仍有其時代的特徵和時代的原因。

二　「江西填湖廣」

移徙、附籍與「江西填湖廣」

《明史・食貨志一》將明代的人口流動分成四種類型：「其人戶避徭役者曰『逃戶』，年飢或避兵他徙者曰『流民』，有故

12　郭松義：《明初的更名田》，《清史論叢》第八輯，中華書局 1991 年版。

而出僑於外者曰『附籍』，朝廷所移民曰『移徙』。」

江西人口向湖廣的大規模流動主要發生在元末明初，並延續到整個明代和清前期。如果說江西人口眾多、耕地不足而湖廣面積遼闊、人口稀少，是江西填湖廣的基本原因，那麼，政府的強制與提倡以及江西的賦繁役重則是造成這一現象的直接原因。

政府的強制與提倡造就了明政府所說的「移徙」和「附籍」者，即「朝廷所移民」與「有故而出僑於外者」。政府的強制主要在元末明初人口遷徙上發生作用，而政府的提倡則是整個明代江西人口流向的加速器。

明太祖是中國歷史上特別注重以國家權力幹預社會經濟活動的君主之一。他希望朱明皇朝千秋萬代，自然就希望社會處於穩定的狀態之中。而給民眾以最低的生存條件、使各地區及各階層民眾在生活和生產條件方面保持相對的平衡，則是農業社會穩定的首要因素。明初大規模的軍事屯田及頻繁的強制性移民，明太祖的這種統治思想無疑在發生作用。

明代的軍事屯田早在立國之前就已進行，甚至成為朱元璋集團在與群雄角逐過程中逐漸居於優勢地位的重要因素。而洪武八年，則是在全國性軍事行為結束之後，軍隊全面實行屯田的開始。《明太祖實錄》載：這年正月，「遣衛國公鄧愈、河南侯陸聚往陝西，中山侯湯和、平章李伯升往彰德、真定，指揮馮俊、孫通、賴鎮往汝寧，李溢、耿孝、黃寧、李青、陳方庸、武興往北平、永平，董兵屯田，開衛戍守。翼日，上至龍江祭告江淮之

神，遣行」[13]。實質上是從江南人口眾多的地區向北方人口稀少地區實行軍事移民。洪武十九年九月，西平侯沐英奏：「雲南土地甚廣而荒蕪居多，宜置屯，令軍士開耕以備儲偫。」明太祖對此大加讚賞：「屯田之政可以紓民力、足兵食，邊防之計莫善於此。趙充國始屯金城而儲蓄充實，漢享其利。後之有天下者亦莫能廢。英之是謀，可謂盡心，有志古人，宜如所言。然邊地久荒，榛莽蔽翳，用力實難，宜緩其歲輸之粟，使彼樂於耕作，數年之後徵之可也。」[14]第二年，令湖廣常德、辰州二府民三丁以上者出一丁往屯雲南。並命延安侯唐勝宗等往雲南訓練軍士。[15]數年之後，到洪武二十三年六月，雲南已有平溪、清浪、鎮遠、偏橋、興隆、清平、新添、隆裡、威清、平壩、安莊、安南、平夷十三衛。[16]如按明軍編制，每衛有軍士五六〇〇人，則十三衛連同家屬當不下二十萬人。

這種以抽丁入伍方式進行的軍事移民，是明初移民的重要方式。雖然尚未發現從江西抽丁往陝西、雲南等地的記載，但鄧愈、陸聚、唐勝宗等人曾在江西長期駐守，其兵源可能多來自江西。至於與江西毗鄰的湖廣，其屯田的兵源更多來自江西。湘潭《石浦王氏六修族譜・良遠公家傳》載：

13　《明太祖實錄》卷九六，洪武八年正月辛巳。

14　《明太祖實錄》卷一七九，洪武十九年九月。

15　《明太祖實錄》卷一八六，洪武二十年十月戊午。

16　《明太祖實錄》卷二〇二，洪武二十三年六月。

公諱國善，字良遠，曾祖石城公始居長沙之湘潭，遂占籍為湘潭人。初，石城公昆弟四人至湘潭時，在明洪武初。太祖命郡縣判服不常者，皆屠戮。湘潭於元至正時已歸附，士民安堵如故。後指揮饒廣叛，協民以從己。太祖命營陽侯楊璟討誅之，遂屠湘潭，無遺育。存者唯七姓，姓各一人，亦逃匿，僅而後免。太祖命招四方之人實其地，得任土世業。亦令勳臣居其地，勳高者授指揮，下者授千戶、百戶。石城公數從太祖征伐有功。洪武改元，授都指揮使。饒廣既叛，代廣屯湘潭，領兵鎮其地，世領其職。越四年，太祖以都指揮雖領屬於兵部，而秩與之齊，當遴才銓選、克當其任，始充之。故石城公任職未及世襲，子孫僅降授千戶。長子祿孫勤學業，不樂就武職，次子福孫以恩蔭補千戶，亦未就。王氏世職遂絕。石城公昆仲至縣，分屯膏腴之地，而石城公愛鑿石浦山水之秀，入谷行二里許，彌覺幽勝，遂定居之。今儺壇坪，猶初至奉安儺神之遺跡也。石城公諱瓊，生煌榮公，諱祿孫；煌榮公生念祖公，諱義仲；念祖公實生公（按：指傳主良遠）。自煌榮公至公，三世皆無兄弟。公於湘潭雖非舊族，而支族之散處者多踞勝地，遂為縣中甲姓。公……有子三人，祖禮、祖智、祖寅，其後胄裔遂蕃三子，各啟一房，是為木本、新業、長閬之祖。[17]

這段記載反映了如下情況：一、明政府在湖廣地區招來流民

17　光緒十八年湘潭《石浦王氏六修族譜》第二冊《良遠公家傳》。

及進行軍事屯田自洪武初已經進行；二、湘潭經過一場叛亂之後，土著幾無孑遺，實其土者或為軍隊，或為移民，而且多來自江西；三、原籍在江西吉水的王氏兄弟正是作為軍事屯田而移居湖廣湘潭的，且「分屯膏腴之地」；四、由於有軍官的身分，家族勢力雄厚、繁衍迅速，所以吉水王氏在湘潭成為「甲姓」。

洪武三十年二月，常德府武陵縣縣民上書：「武陵等十縣，自丙申（元順帝至正十六年，1356 年）兵興，人民逃散，雖或復業，而土曠人稀，耕種者少，荒蕪者多，鄰近江西州縣，多有無田失業之人，乞敕江西量遷貧民開種，庶農盡其力，地盡其利。」明太祖「悅其言，命戶部遣官於江西，分丁多人民及無產業者於其地耕種」[18]。

雖然這是見於正史的唯一一條有關明初從江西向湖廣強制性移民的材料，但這類事情顯然不是個別的，也決不會直到洪武末年才出現。從材料本身來看，是當地居民的看法影響了統治者；而且，明初朝廷強制性從江西向湖廣移民，很大程度也是受著這一地區經濟格局的影響。同樣需要注意的是，這種來自下層的要求既可影響上層的決策，也往往為上層的決策提供藉口。因為正如上文所說，早在明政權建立前後，就已經在推行這種強制移民政策。民國二十五年《喻氏宗譜》卷一載：「徐壽輝之亂，楚地榛莽千里，虛無人跡。洪武初，詔豫章各大姓從黃占籍。」民國三十五年《黃氏族譜》卷首說：「明初，湖北戶口凋傷殆盡，洪

18　《明太祖實錄》卷二五〇，洪武三十年二月丁酉。

武二年徙江西居民實之。」[19]民國二十二年湘鄉《龍田彭氏族譜》詳細記載了江西泰和縣一個家族移居湖廣湘鄉的過程：

（樂翁）公世居江西太和縣十九都八甲，當明定鼎初，詔徙江西民實楚南。公於洪武二年己酉卜徙湘鄉。父子兄弟叔侄男女共二十二人，擇十月初六日起程。同江灣一隊，共七十九人。初九日至臨江府，初十日在皇叔署領票，就曹家埠登舟，十二日至袁州府，十四日至彤關，十六日至長沙府小西門舍舟就陸。息韓、劉兩店一日。十九日宿湘潭後街，二十日宿雲湖橋，二十一日至湘鄉縣南門，息單、葛兩家一日。二十三日分一隊共二十六人循河邊上瀫水去。公等過洙津渡，宿虞塘。二十四日過甲頭塘，宿青石塘。二十五日在梓門橋，分一隊共二十五人往青藍去。公等由銅梁塘，本日到六十六都約沖，卜棲焉。計自初起程，凡二十餘日，所至皆掛號，夜則老者投店，少者皆露處也。公既至約沖，遂於二十八日起工造室。十一月初六日入宅安居。明年庚戌，華三、華六、華八、華九及周珍保，又離約沖外去矣。公以暮年跋涉，體漸不安，至是年四月初一日氣喘沉重，自分難延，遂集家中老少囑託後事。命三男宗海寫記云：自我太祖以來，五代未分，我等在江西，人民廣眾，穀米貴如珍珠。今離江西半載，到此插得地方，未曾清楚。曰叔曰弟，我子即汝子，

19 引自張國雄：《明清時期的兩湖移民》，本章所引用的家譜資料，未經註明者均引自該書。

同心協力，立清界抵，報上登籍，安家立業，不枉前程，方可落心。……至初十日申時去世。春秋八十有三。……源裕公諱宗海，樂翁公第三子也。樂翁公沒後二年，公兄弟復自約沖遷龍田打腦陂，及江埠、煙竹坪等處家焉。[20]

　　與吉水王氏家族通過軍事屯田的方式遷往湖廣不同，泰和彭氏家族則是通過強制性移民遷往湖廣，但時間都在洪武初。而彭氏家族的遷徙，又與黃氏家族一樣，都是洪武二年。可見，明政府從江西強制移民湖廣應從此時開始。《彭氏族譜》的記載還透露出這樣的信息：

　　一、洪武二年前後從江西強制移民湖廣是一次普遍性的移民，喻氏、黃氏皆是在此時強制遷往湖廣的，而彭氏家族始遷時與「江灣一隊」不期而遇，更可說明當時移民規模之大。

　　二、當時的移民是家族性的行為，彭氏一家父子兄弟叔侄男女共二十二口，舉族而遷；王氏家族也是「昆仲」、「支族」皆移居湖廣；「江灣一隊」更有五十七人。

　　三、在遷移的過程中，沿途須驗明身分，「所至皆掛號」，到湖廣落腳後，也須「立清界限，報上登籍」，即自始至終都在官府的控制之下。

　　四、遷出時須舉族而行，在湖廣落籍則有相對的自由，所以作為叔伯兄弟，「華三、華六、華八、華九」等可自行擇地而

20　民國二十二年湘鄉《龍田彭氏族譜》卷二二《始祖樂翁公遷湘記事》。

居；而「樂翁公」死後，其子「源裕公」也可以自約沖遷往龍田等地。

此外，這段記載也在無意中描述了從江西吉安府泰和縣至湖南長沙府湘鄉縣的一般行程：從泰和順贛江而下，至臨江府城；逆袁水而上，至袁州府城；而後經淥水、湘江至長沙府城；再經湘潭至湘鄉，全部行程用了二十天。

強制移民的同時，明政府也用「免徭役三年」乃至「即為己業」、「永不起科」等優惠政策，鼓勵人多田少處的民戶遷往人少田多處。洪武元年八月「大赦天下詔」稱：「州郡人民，因兵亂逃避他方，田產已歸於有力之家，其耕墾成熟者，聽為己業；若還鄉復業者，有司於旁近荒田內如數給與耕種。其餘荒田，亦許民墾闢為己業，免徭役三年。」[21]顧炎武《日知錄》也說：「明初承元末大亂之後，山東、河南多是無人之地。洪武中，詔有能開墾者，即為己業，永不起科。」明初的墾荒政策是帶有普遍性的，不只是山東、河南，湖廣也是如此，民間有開墾荒地者，即為己業，「永不起科」[22]。萬曆《湖廣總志》說：「自元季兵燹相仍，土著幾盡，五方招來，民屯雜置，江右、徽、黃胥來附會。」[23]可見當時的招來政策也是不分籍貫的。但由於江西與湖廣在地理和歷史方面的連繫，江西又是當時的人口大省，所以在

21　《明太祖實錄》卷三〇，洪武元年八月己卯。
22　顧炎武：《日知錄》，卷一〇《開墾荒地》。
23　萬曆《湖廣總志》卷三五《風俗》。

這一政策驅使下來湖廣的，又多是江西人。

民國三十六年《李氏宗譜》記載：

（李）系周（原籍江西南昌府新建縣朱石巷）適以明進士出守湖廣安陸郡，（李）曉撥（原籍山西大同府大同縣小五村）由侍衛任湖廣武昌協，（李）憲受（原籍江西吉安府吉水縣谷存裡）、（李）治宇（原籍江西饒州府鄱陽縣順埠坡），一為湖廣黃州太守，一為湖廣長沙佐。天作之合，同宦楚疆。一日，四公官廨宴飲，私相議論，見楚土闊人稀，並有落籍三楚之意。曉撥公曰：「吾與諸兄弟流離之餘，復獲聚首，楚沃壤千里，現在詔民開墾，吾欲留家矣，未審諸兄弟以為何如？」三公鼓掌大笑曰：「英雄所見略同，吾四人本骨肉之親，即擇地而蹈，亦當井里相望，庶不失式好之誼。」洪武二十年丁卯秋，四公挈室而遷於沔南之茅埠鎮，比屋而居，自成一村。

這四位李姓官員，三位來自江西，都是文官，一位來自山西，為軍官。仕途將他們送到了湖廣，遂在此落戶，共建一個村子。用《明史・食貨志》的分類，他們在湖廣落戶屬「附籍」。這篇文字透露出的另一個信息是：洪武二十年之前，明政府已在湖廣用優惠政策「詔民開墾」。民國《桃源縣誌・氏族志》則說：「元末兵亂，桃源故有人口不及五萬，以面積一萬方里計，其密度每一方里不滿五人，其土曠人稀明矣。而贛省吉水、豐城、南昌等縣人，遂於洪武、永樂時紛紛移至，立標墾荒。洪武十八年，下詔許其永業。」

這種優惠政策的結果，便是明代在湖廣（自然也包括其他人少地多的地區）出現了許多免稅地或低稅地。試舉《明實錄》中記載的幾個例子：

正統二年十一月，以湖廣襄陽府所屬襄陽各縣無稅田地三百九十六頃、山二所給賜襄王瞻墡。[24]

景泰三年十一月，給襄王瞻墡湖廣襄陽等五縣無糧空閒山地一百頃。[25]

成化五年九月，戶部會同各部、都察院、漕運總兵等官議行各處巡撫及漕運官所奏事宜：「……南陽、襄陽、荊州、德安四府，沔陽、安陸二州，地大物眾，雖磽瘠污萊之地，亦漸為居人及流民墾種成田，但無征科定額，多致紛爭。」[26]

弘治十三年二月，上賜興王祐杬近湖淤地一千三百五十二頃。戶部尚書周經等執奏：「前項地土，其住種之人一千七百五十餘戶，世代為業，雖未起科，然借此以貼辦稅役，若歸王府，必生怨尤。」[27]

正德四年三月，司禮監太監閻宣、戶部侍郎韓福等會勘榮王所乞湖廣常德、辰州府屬縣無糧田地一千五百九十五頃有奇，山

24　《明英宗實錄》卷三六，正統二年十一月丙申。
25　《明英宗實錄》卷二二三卷，景泰三年十一月乙丑。
26　《明憲宗實錄》卷七一，成化五年九月乙酉。
27　《明孝宗實錄》卷一五九，弘治十三年二月辛丑。

場周圍八百二里，房屋鋪面一千五十八間，宜給本府。[28]

這些所謂「無稅田地」、「無糧空閒山地」、「無征科定額」的土地、「世代為業」卻「未起科」的田地、「無糧田地」等，大多是這種優惠政策的體現。如此遼闊的田地，又有如此優惠的政策，即使政府不行強制，也足以使江西平原及丘陵地帶的農民義無反顧地奔向湖廣。

逃戶、流民與「江西填湖廣」

田賦徭役的繁重尤其是「產去稅存」的壓迫，造就了明政府的「逃戶」，即「避徭役者」。

江西是朱元璋集團最先占領並建立地方一級行政機關的省份。自從元至正二十二年設置江西行省，江西便開始成為明政權物資和兵員的主要供給地。洪武四年，免江西秋糧。為此，明太祖有一個詔諭：

> 朕起布衣……念爾江西之民，未歸附時，豪強割據，狼驅蠶食，資財空匱，及歸附之後，供億更繁，今已九年，其為困苦。朕甚憫焉。今年秋糧盡行蠲免，以濟民艱，於戲，四海蒼生，皆我赤子，愛念之意，旦暮不忘，緣事有緩急，故恩有先後，咨爾人民，其體朕懷。[29]

28　《明武宗實錄》卷四八，正德四年三月甲辰。
29　《明太祖實錄》卷六五，洪武四年五月己卯。

明太祖自己也承認，江西在未受其統治之前是「資財空匱」，受其統治之後則是「供億更繁」。明成祖通過「靖難」奪取皇位後，仍沒有忘記江西在明朝建立前後所承受的負擔：「昔我太祖高皇帝開基創業，首得江西，資其供給以定天下。三十餘年，屢加恩澤。」[30]

「資其供給以定天下」，可印證江西在明政權建立過程中的重要作用。雖說免了一年的秋糧，或者說在整個洪武時期「屢加恩澤」，但在整個明代，江西的稅糧在十三布政司中也是最重的之一。下面是明朝前、中、後期各省稅糧實徵表：

· 表 2-2 明代各省稅糧數[31]

直省名稱	洪武十二六年		弘治十五年		萬曆十年	
	夏稅（石）	秋糧（石）	夏稅（石）	秋糧（石）	夏稅（石）	秋糧（石）
南直隸	990441	6244379	942303	4999952	943707	5068154
北直隸	353280	817240	179524	422107	178642	419986
浙江	85520	2667207	152773	2357527	152864	2369764
江西	79050	2585256	87636	2528270	88072	2528270
湖廣	138766	2323670	131400	2036102	131976	2030208
福建	665	977420	707	850448	707	850448

30　《明太宗實錄》卷一一，洪武三十五年八月。
31　萬曆《明會典》卷一九《戶部·戶口總數》。

直省名稱	洪武十二六年		弘治十五年		萬曆十年	
	夏稅（石）	秋糧（石）	夏稅（石）	秋糧（石）	夏稅（石）	秋糧（石）
山東	773297	1805620	855246	1995881	856172	1995765
山西	707367	2093570	578890	1695133	591951	1722851
河南	556059	1642850	618645	1769132	617323	1763437
陝西	676986	1236178	725797	1203261	690747	1044943
四川	325550	741278	309594	717078	309892	718653
廣東	5320	1044078	5978	1010786	6123	993825
廣西	1869	492355	3391	426636	2495	369203
雲南	18730	58349	33708	106913	35567	107123
貴州	—	—	—	47442	—	—

　　從上表可以看出，在南北二直隸及十三布政司中，明政府的夏稅小麥主要來自北方山東、山西、河南、陝西諸省及北直隸，其中以山東最多。秋糧稻米主要來自南方的浙江、江西、湖廣及南直隸，其中南直隸高居首位，其次便是江西。南直隸稅糧之重的主要原因是「蘇松重賦」，這兩個府洪武二十六年夏稅十七點一萬餘石、秋糧三八五點九萬餘石，如將這兩府除去，則今江蘇、安徽二省的稅糧尚不及江西或浙江一省。

　　其實，僅從國家的統計數字是看不出農民真實負擔的。洪武二十六年，江西夏稅秋糧額共計二六六點四三萬石，當時江西全省額田四十三點一萬頃，平均每頃六點一八石，每畝六點一八升。按《明史‧食貨志二》：「兩稅，洪武時，夏稅曰米麥，曰

錢鈔，曰絹。秋糧曰米，曰錢鈔，曰絹。……凡官田畝稅五升三合五勺，民田減二升，重租田八升五合五勺，沒官田一斗二升。」江西平均田賦約當於明初所定的「官田」田稅。而事實上，江西的田地多為民田。從這一點來說，田賦已超過法定標準。如以江西當時平均每畝產量約谷三石折合米一石半計，為十五稅一，與歷代相比，雖然說不上過重，但也不能說是輕稅。

況且，農戶的實際負擔遠不止此。上表所列《會典》記載的萬曆十年江西夏稅秋糧共計二六一點六萬餘石，當時的額田為四十點一萬餘頃，平均每頃六點五二石，每畝六點五二升，與洪武時相差無幾。但據萬曆《江西賦役全書》，吉安府萬曆時兩稅定額為麥米四四點九萬餘石；但另有綿布、苧布米一點三萬石，四差額銀、四司米銀、戶口食鹽鈔銀、農桑絹銀共近九萬兩，按時價折合米麥約十七萬石，合計十八點三萬餘石，約為正賦的一半。加上正賦共計六十三點二萬餘石。當時吉安府的額田為四點九萬頃，平均每頃十二點九一石、每畝十二點九一升[32]。這樣，全府稅糧額已相當於明初所定的沒官田田稅。至於「重賦」地南昌、袁州、瑞州各府，農戶的負擔比吉安更為沉重[33]。

以上為稅糧，即田主向國家交納的田稅，而佃戶向田主交納

32　萬曆《江西賦役全書·吉安府總》，臺灣學生書局一九七〇年影印本。

33　《清世宗實錄》卷一九，雍正元年閏四月辛卯。以江西巡撫裴率度之請，豁免江西南昌府屬寧州、南昌等七州縣浮額銀七萬五千五百四十兩有奇。南昌府上述州縣的「浮糧」，是從明初時就有的。而且有「浮糧」的還不止是南昌一府。

的田租，則遠遠超過這個數字。陳道《江西新城田租說》云：

> 明制丈田冊，藏之藩庫，暨各州縣衛，副本散布鄉都里甲，便民稽考，時或有所侵隱，故為藏匿，猶得追尋官冊而糾正之。……而新城尤無一留遺。問畝分步算、上下科則，雖故老茫無以對。俗但以石斗名田。田供租一石，稅糧三升。而斛大小不一，南鄉石視官斛大六七升，田且腴；西北多磽田，石小官斛五六升。稅皆同科。稍清晰者，則有老牙桶，糧二升七合，小牙桶，糧二升五合之別。……余聞南昌、新建佃田者，上則畝止租二石，中或一石五六斗，下則畝率一石。新邑志載每十五畝，五分六釐有奇，合科糧一石，以俗例三升糧額通較，每畝合租谷二石一斗餘。視他處上則且溢。[34]

南昌府南昌、新建等縣上田每畝納租二石、中田一石五六斗、下田一石，這個數字為收穫量的一半以上，即佃主、佃戶為五五乃至六四、七三分成。建昌府新城縣每畝田租達二石一斗，比南昌的上田還高。

江西賦稅的繁重既為事實，也為各級統治者所承認，但除了偶爾的「開恩」豁免外，卻始終不予減免。嘉靖時江西巡撫胡璉、南贛巡撫陶諧均力言江西「田少人多、糧繁差重」，請求戶

34　陳道：《江西新城田租說》，《清經世文編》卷三一。

部行文減免田糧[35]。但明政府非但不予減免，還添設江西管糧參議、戶部江西司主事各一員，專督稅糧；並於吉安等賦重之府增設同知一員，催徵錢糧[36]。

田賦既多，運糧及其他方面的差役也就自然繁重。這一狀況，由明及清，未曾中斷。清人鄭日奎《漕議》專論此事：

江西地瘠，無他貴產，況在僉造領運迫比，積久之餘，豈有暇力措辦及此。夫以至艱極鉅之任，責之伶仃無告之民，既無絲毫之利，復有多端之害，又安能禁其不生不肖之心乎。然地方官方以丁窮欠多、無從監追，竟斷之以賠糧，或以有漕無丁，無可僉補，竟斷之以頂運。平民值此如遭湯火，百計賄求，千方營解。名或未除，家已立破，不堪苦累，亦惟有逃亡一法。無軍漸且無民，無民因而無賦。長此不返，為患非輕，豈獨誤漕而已。[37]

又按明朝制度，凡官學在籍學生，包括國子監監生，府、州、縣學的廩膳生、增廣生，均可免其家二丁的雜泛徭役。江西是明代的科舉大省，國家定額的舉人錄取名額以省為單位居全國首位，在校生員也多於他省。由於科舉中式者多，走上仕途的也

---

35 《明世宗實錄》卷一三六，嘉靖十五年十月乙未；卷二五六，嘉靖二十年十二月庚辰。

36 《明憲宗實錄》卷四五，成化三年八月丙申。

37 鄭日奎：《漕議》，《清經世文編》卷四七。

多，官員退休回原籍，家中的徭役也予以免除。於是，他們以及他們家庭中的徭役，便落在了一般農戶的身上。而且，雖說只免雜泛徭役，在實行過程中往往連正辦徭役也逃避。呂坤曾對此予以評述：

> 優免差役之法，免雜泛不免正辦。十排輪轉，空年謂之催科里甲，見年謂之正辦里甲，養十年之財，供一歲之用，役稱苦累，地須均多。曾見累朝有優免正辦里甲之旨乎？[38]

糧繁差重，必然導致民戶逃避賦役。而明代的賦役編排制度，又為大戶逃避、轉嫁賦役提供了便利。因而，丁少差重、田少糧重，甚至產去稅存、戶逃役留的情形在江西成了十分普遍的現象，人民逃亡也在情理之中。民國二十年《董氏家譜·卷首》說：「荊襄上游自元末為流寇巢穴。明祖定鼎，以兵空之。厥後，流民麕集。……適逢當時江西催科甚急，逃賦者或竄入荊襄一帶。」正德時唐龍巡按江西，對此有更深刻的認識：

> 江西巨室置買田產，遇造冊，賄裡書，有飛灑見在人戶者，名為活灑；有暗藏逃絕戶內者，名為死寄；有花分子戶不落戶眼者，名為畸零帶管；有留在賣戶全不過割者，有過割一二，名為包納者；有全過割不歸本戶者；有有推無收，有總無撒，名為懸

38　呂坤：《去偽齋集》，卷五《答通學諸友論優免》。

持掏回者；有暗襲京官、方面、進士、舉人腳色，捏作寄莊者；有冊不過紙上之霜，在戶尤皆空中之影，以致圖之虛以數十計，都之虛以數百計，縣之虛以數萬計，遞年派糧差無所歸者，俱令小民賠償。小戶逃絕令裡長，里長逃絕令糧長，糧長負累之久，亦皆歸於逃且絕而已。[39]

桂萼是嘉靖時江西九江籍大學士，他在對江西的地理形勢及民生狀況作了分析之後認為，江西人口的流失在於「民疲供億」：

江西古揚州地，當吳楚閩粵之交，險阻既分，形勢自弱，安危輕重，常視四方。若保境安民，則九江獨據上流，牽制沿江州郡，且密邇南康，濱臨巨湖，盜舟四出，不可無備。南、贛之間，則汀漳雄韶諸山會焉。連州跨境，林谷茂密，盜賊之興，斯為淵藪。故設巡撫重職，提師以臨之。袁州地逼長沙，逋民客戶，頗難譏察，而南昌、建昌、饒州，宗室固在，民疲供億，視臨、吉、瑞、信、撫諸郡殆有加焉。故凡江西之民，樸質儉苦，有憂勤之思。弘治以來，賦役漸繁，土著之民，少壯者多不務稼事，出營四方，至棄妻子不顧，而禮俗日壞，惡少間出矣。[40]

---

39 徐學聚：《國朝典匯》卷九〇《戶部四・賦役》。
40 桂萼：《江西圖序》，《明經世文編》卷一八二。

唐龍、桂萼說的是江西全省，海瑞則專論興國一縣：

即興國一縣論，逃絕戶極多。問其故，則虛糧不能賠，重役
不能供也。而其去無還心，則拖欠之糧數未除，重役之差銀在，
追徵如故。數年並之還之，尤不可也。是以招來為難。次則富豪
之債軸老帖存焉。又其次則先年詞訟，或被人誣扯，或自己細小
錯誤，案牘存焉。分數多少不同，要皆小民致逃故也。卑職到任
而來，查得五十七里，半里並不可為裡甚多。間行鄉落，人煙寥
寂，村里蕭條。耳聞目擊，為心惻久矣。[41]

政府在江西的強制性移民發生在明初洪武時，為逃避賦役的
逃亡性人口流動則貫穿著整個明代，而土地與人口的關係，則影
響著整個明清時期的湘鄂贛人口流動。

《明史‧食貨志》將因天災逃亡的人口與因戰亂逃亡的人口
並稱為「流民」，但與河南、陝西、山東等北方省份乃至湖廣等
南方省份不同，江西因天災而流亡的民戶並不太多。當然，人口
流動是一種複雜的社會現象，導致人口流動往往是多種因素的綜
合，而未必是出於某個單一的原因。

明成化時，丘濬在其《江右民遷荊湖議》中，專論江西人口
的向湖廣流動：

臣按普天之下，莫非王土，率土之濱，莫非王臣。自荊湖之
人觀之，則荊湖之民異於江右；自江右之人觀之，則江右之民殊
於荊湖；自朝廷而觀，無分於荊湖、江右，皆王民也。夫自天地
開闢以來，山川限隔，時勢變遷，地勢有廣狹，風氣有厚薄，時
運有盛衰，故人之生也，不無多寡之異焉。以今日言之，荊湖之
地，田多人少，江右之地，田少人多。江右之人，大半僑寓於荊
湖。蓋江右之地力所出不足以給其人，必資荊湖之粟以為養也。
江右之人群於荊湖，既不供江右公家之役，而荊湖之官府，亦不
得以役之焉，是並失之也。[42]

海瑞《興國八議》也論江西人口向湖廣的流動：

昔人謂江右有可耕之民而無可耕之地，荊湖有可耕之地而無
可耕之人，蓋為荊湖惜其地，為江右惜其民。……今吉、撫、
昌、廣數府之民，雖亦佃田南、贛，然佃田南、贛者十之一，游
食他省者十之九。蓋遠去則聲不相聞，追關勢不相及。一佃南、
贛之田，南、贛人多強之入南、贛之籍，原籍之追捕不能逃，新
附之差徭不可減，一身而三處之役加焉。民之所以樂於捨近不憚
就遠，有由然矣。[43]

---

42 丘濬：《江右民遷荊湖議》，《明經世文編》卷七二。
43 海瑞：《興國八議》，《明經世文編》卷三〇九。

他們的觀點是如此的一致：江西民眾流向湖廣，既因為湖廣有他們所需要的土地，也因為可以逃避在原籍難以承受的繁役重賦。

此外，戰亂在特定的時期也是促使江西人口向湖廣流動的重要原因。這個原因造就了明政府所說的「流民」。當然，導致江西人口向湖廣流動的，既有在江西境內發生的戰亂，也有在湖廣境內發生的戰亂。前者對於人口流動是一種推力，它產生於戰亂之時；後者對於人口流動則是一種拉力，它產生於戰亂之後。明清時期江西的戰亂主要發生在元末明初和明中葉，湖廣的戰亂則主要發生在元末明初和明末清初。

民國二年《胡氏族譜》說：「洎乎元明革命，贛省兵燹迭見，人民不惶寧處，其由江右而播遷荊楚者，幾如江出西陵，其流奔放肆大。」民國三十五年《鄂氏宗譜》卷首則說：「吾鄉氏族遷自江右者，多原於晚明流寇之禍。」這是江西遭受戰亂之時所產生的推力所致。

民國《醴陵縣誌・氏族志》：「歷代兵燹，元為最慘。……元明之際，土著僅存十八戶。湘贛接壤，故是遷入者，以贛西、贛南一帶之人為多。明末清初，重罹浩劫，土曠人稀，播遷來者則什九為閩粵兩省汀江、東江流域之人。」漢陽《王氏族譜・序》也說：「相傳懿惠公以元末諸生，值兵燹大亂，楚地土曠人稀，明初由江西清江縣遷居湖北漢陽西門外十里之地，而王家畈之名由此焉。」這是湖廣遭受戰亂之後所產生的拉力所致。

江西人口在湖廣的主要流向及總量

江西人口進入湖廣，首先是流向曾經遭受戰爭打擊、人口稀

少而又生產條件較為優越的江漢平原和洞庭湖平原。

民國《松滋縣誌》說：「松滋氏族，問其故籍，皆自江右而來。其譜乘所載，始遷祖或宋元，或明初，即僦居於此。故老相傳，有『江西填湖廣、湖廣填四川』之說。康熙志云：松滋自流民僑置以來，多五方雜處，明季徙豫章民來實茲土，江右籍居多。康熙去明末不遠，故舊志所載，證以故老傳聞，其言似可信。」[44]民國《蒲圻鄉土志》稱：「元末明初，江右民族，多自進賢縣、瓦子街移居蒲圻，近月（日）盈千累萬之盛族，皆此種類也。」[45]

至成化五年，戶部根據各方面的通報，作出了如下判斷：「……南陽、襄陽、荊州、德安四府，沔陽、安陸二州，地大物眾，雖磽瘠污萊之地，亦漸為居人及流民墾種成田。」[46]嘉靖《常德府志》則說：「（常德）版籍每十年一更，制也。吾郡屢更屢詘者，何哉？土民日弊，而客戶日盛矣。客戶江右為多，膏腴之田，湖澤之利，皆為彼所抿。」[47]而至萬曆時，王士性遂記載：「江湖社伯到處有祀蕭公、晏公者，其神皆生於江右。」[48]江漢及洞庭湖平原處處祭祀江西籍的神靈，可見江西移民在兩湖平原落戶之多。

44　民國《松滋縣誌》卷八《氏族志》。
45　民國《蒲圻鄉土志》第十八章《種族》。
46　《明憲宗實錄》卷七一，成化五年九月乙酉。
47　嘉靖《常德府志》卷六《食貨志・戶口》。
48　王士性：《廣志繹》，卷四《江南諸省・湖廣》。

前文曾經提及，根據萬曆十年十月湖廣巡撫陳省的題本，200 年間，湖廣的稅田增加了 53.19 萬餘頃，比原額增加 138.52％。如果人口相應增長，則湖廣萬曆時應該是 180 萬至 190 萬餘戶之間，人口為 1000 萬左右。如果仍以南方各省每戶平均占田 40 畝計，則應為 225 萬至 230 萬戶之間；每戶五口計，為 1100 萬口左右，都遠遠超過《明會典》所記載萬曆六年的 54 萬戶、440 餘萬口。如果不考慮人口的自然增長率，其間的差距或者即為江西流向湖廣的人口。

曹樹基教授依據兩湖地區的家譜及地方誌中的氏族志對明代江西流向湖廣的人口作了較為詳盡的考訂和推測，認為：「元末明初對湖南的移民屬補充式移民，占全部人口的 26.2％；以氏族計，78.5％來自江西，且多為民籍；其中，來自吉安府的占一半以上；湘南以吉安移民為最，湘中也以吉安移民為多，但南昌移民也不少，湘西由吉安、南昌移民平分秋色；湘北則南昌移民一統天下。」同時對湖北的江西籍移民進行了逐府的分析，認為：元末明初湖北地區總人口 173.8 萬；土著 75.5 萬，民籍移民 79.4 萬，軍籍移民 18.9 萬。在這 98 萬移民中，江西籍移民約為 69 萬，其中來自南昌和饒州二府的移民各 19 萬，吉安府移民 8 萬，九江移民 3 萬。[49]這些數字，對我們認識明代「江西填湖廣」這一社會現象無疑有重要的幫助，而且在很大程度上推進了對這

49　曹樹基：《中國移民史》第五卷，福建人民出版社一九九七年版，第 125-127 頁，第 147-148 頁。

一問題的數字化研究。當然，要在幾百年後的今天憑藉極為有限而且並不齊備的遺存資料統計或推測出精確的流入湖廣的江西人口，幾乎沒有可能。

除了江西之外，明代距湖廣較近的人口稠密區還有兩浙地區，但這裡星羅棋布的手工業或商業市鎮容納了大量的勞動人口，所以流向湖廣從事農業或手工業的人口並不多。而江西除了上述的各種因素之外，也因為本地城鎮對勞動人手需求量的有限，除了景德鎮的製瓷業、鉛山的造紙業等之外，並沒有形成真正有規模的產業性城鎮，因而大量的勞動力如丘濬、海瑞所說，仍得向外省尋求出路。

三　西南地區的江西移民

明清時期有「江西填湖廣」、「湖廣填四川」之說，首先「填」的都是平原及丘陵區。江西人並非填滿了湖廣後才往四川，他們有的在湖廣停下了腳步並永久性留在湖廣，有的則是一路向前，繼續向四川、貴州、雲南以及其他地區進發。湖廣人口在戰亂之際，也並非等待著亂兵的殺戮，而是向各處主要是未遭戰亂之處流動。在元末明初，在明末清初，他們的首選地便是四川。當兩湖平原開始人滿為患時，他們同樣也向各處特別是人少田多處流動，而首選地區同樣也是四川。當時主要是沿長江、嘉陵江流向川東地區及成都平原。所以，「湖廣填四川」幾乎是與「江西填湖廣」同時發生的。

江西人口的流動，各地區啟動的時間其實並不一致。如南昌、吉安、饒州，在明初即有大規模的人口流動；撫州大規模的

人口流動，則是從明中期開始的。這種情況的發生，與這些地區經濟發展特別是人口的變化直接相關。

前文曾經論及，從元世祖至元二十七年至明太祖洪武二十四年的 100 年間，江西在冊戶口分別減少 121 萬戶、615 萬口。又，洪武二十二、二十三年賑濟的在兩湖平原的流民達 100 多萬。但從官方記載看，元世祖至元二十七年湖南在冊戶口為 181 萬餘戶、571 萬餘口，湖北在冊戶口為 53 萬餘戶、237 萬餘口，兩湖總計 235 萬戶、808 萬口。而至洪武二十四年，湖廣總共只有 74 萬戶、409 萬口。江西的戶口減少是因為填湖廣，但湖廣的戶口也減少，原因有三：其一、元末湖北為主要戰場，戶口流失嚴重；其二、江西流入人口未入戶籍（見丘濬、海瑞所說）；其三、湖廣填四川。又按：元世祖至元二十七年，四川在冊戶口為 98538 戶、615772 口，這雖然只是四川行省中的成都、廣元、順慶、重慶、夔州五路和紹慶府的戶口數，但這些地區卻是當時四川人口最稠密的地區；而未予統計的嘉定、永寧、敘州、馬湖四路及潼川、懷德府人口卻相對稀少，如果將這四路二府的戶口數以上述五路一府總數的一半計，則為 49269 戶、307886 口，合計約 14 萬戶、92 萬口。而到洪武十四年，四川戶口已是 21 萬餘戶、146 萬餘口，洪武二十四年為 23 萬餘戶、156 萬餘口，較元至元時增加了 10 萬戶、62 萬口。此後，四川及雲南、貴州人口的增長更為迅速。下面是江西、湖廣、四川、貴州、雲南五省明代戶口的變化情況。

・表 2-3 明代江西等五省戶口變化表[50]

年代	江西	湖廣	四川	貴州	雲南
洪武二 十五年	1553923[51] 8982481	775851 4702660	215719 1466778	———	59576 259270
弘治十 五年	1363629 6549800	504870 3781714	253803 2598460	43367 258693	15950 125955
萬曆 六年	1341005 5859026	541310 4398785	262694 3102073	43405 290972	135560 1476692

　　上表顯示：在政府的統計數字中，明代江西的戶、口數一直在減少，湖廣的最低數字是在弘治十五年，雖然萬曆六年的統計有所上升，卻仍然沒有達到洪武二十六年的戶、口數。與此相反，四川的戶口數則持續上升，弘治十五年比洪武二十六年增加 1131682 口，110 年間增加幅度為 77.15％；萬曆六年比弘治十五年增加 503613 口，75 年間的增加幅度為 19.38％。再看雲南和貴州。在二省沒有分離的洪武二十六年，在冊僅為 259270 口，而至弘治十五年，二省合計 384648 口，比洪武二十六年增加了 125378 口，增長幅度為 48.36％；萬曆六年二省合計 1767664 口，這個數字比弘治十五年增加了 1383016 口，增加幅

50　據萬曆《明會典》卷一九《戶口一・戶口總數》、《清朝文獻通考》卷一九《戶口一》及梁方仲《中國歷代戶口、田地、田賦統計》甲表78、82、85。

51　按：明代各省數字，上行為戶數，下行為口數。

度為 359.55%。

比較這些數字是很有意思的。如果不考慮人口的自然增長率和戶口統計中的遺漏，從洪武二十六年至萬曆六年的近 200 年裡，江西減少了 3123455 口、湖廣減少了 303875 口，兩省合計減少 3427330 口。而在同一時間裡，四川增加了 1635295 口，貴州、雲南二省增加了 1508394 口，三省合計增加 3143689 口。也就是說，從洪武二十六年到萬曆六年間，雲、貴、川三省所增加的人口數字，幾乎就是江西在同一時間內減少的數字。可以作這樣的推測：說是「湖廣填四川」，在很大程度上又是江西填四川。或者說，江西人口在往湖廣流動的同時，又與湖廣人口一道，流向四川、流向西南。江西和湖廣在冊戶、口的減少，是因為當地政府只統計了流失的戶口，卻沒有上報增加的戶口。

不僅僅是四川，雲南、貴州同樣也是江西、湖廣人口填充的地區。可以認為，明代中後期，江漢平原和洞庭湖平原已容納不下多少人口，所以後續的江西流動人口特別是撫州人口才往四川及雲、貴行進。

明朝萬曆年間任雲南瀾滄兵備副使的王士性曾往各地巡視，幾乎隨時隨地都能看到江西人，而撫州人尤多。其《廣志繹》記：

作客莫如江右，而江右又莫如撫州。余備兵瀾滄，視雲南全省，撫人居什之五六，初猶以為商販止城市也。既而察之，土府、土州，凡峷玀不能自至於有司者，鄉村間徵輸里役，無非撫人為之矣。然猶以為內地也。及遣人撫緬，取其途經酋長姓名

回，自永昌以至緬莽，地經萬里、行閱兩月，雖異域怪族，但有一聚落，其酋長頭目無非撫人為之矣。[52]

又說：「滇雲地曠人稀，非江右商賈僑居之則不成其地。」而這些「江右商賈」，又多屬「撫州客」即撫州商人。[53]撫州籍學者艾南英則說，其鄉「富商大賈，皆在滇雲」[54]。據《皇明條法事類纂》，明成化時，僅雲南姚安府（今雲南楚雄彝族自治州西部）就有江西安福縣、浙江龍游縣軍民商人三五萬人；臨安府（今雲南紅河哈尼族族自治州及通海、華寧、新平、峨山等縣）也有許多江西商賈。[55]雲南金沙江外的蠻莫等處，是江西人的徙居集中地。弘治十二年雲南巡按謝朝宣奏：「臣聞蠻莫等處，乃水陸會通之地，蠻方器用咸自此出，江西、雲南大理逋逃之民多赴之。」[56]在雲貴的江西「逋逃之民」隨地都能見到，有的經商，有的居住山寨，甚至成了少數部族的首領。雲南臨安府土官名聲的妻子萬氏，「本江西寄籍女」[57]，此即江西人與雲南各部族的關係非常密切的例證之一。貴州的苗族山寨中，「弘治中……有清平苗曰阿溪者，江西人也，漂蕩至其地，桀驁多智，久之遂為

52　王士性：《廣志繹》，卷四《江南諸省・江西》。
53　王士性：《廣志繹》，卷五《西南諸省》。
54　艾南英：《天傭子集》，卷九《白城寺僧之滇黔募建觀音閣疏》。
55　《皇明條法事類纂》卷一二《雲南按察司查究江西等處客人住地方生事例》。
56　《明史》卷三一五《雲南土司三・孟養》。
57　《明史》卷三一五《雲南土司一・臨安》。

砦主」[58]。清代道光初年任貴州布政使的羅繞典在《黔南職方紀略》中說：「（貴陽）明初即設為省治，迄今五百餘年矣。蓋自元設元帥府以來，徵調各省戍兵，留實斯土。明因之，改設衛所，分授田土，作為屯軍，並設都指揮使以統率之。於是江、廣、楚、蜀貿易客民，轂擊肩摩，羅賤販貴，相因坌集，置產成家者，今日皆成土著。」[59]又云：「湖南之永綏、鳳凰，四川秀山各鄰省客民，以及江西、湖廣各省會館，向苗人當買之產亦復不少。」[60]明憲宗成化十年，刑部因大批江西商人攜帶絹布、火藥等物湧入四川少數民族地區交易銅鐵、聚眾開礦，要求明令禁止。[61]由此可以看出，流徙於西南諸省的江西人數量眾多，時間甚久，已經紮根當地。

明代江西移民到西南地區，數代之後，不僅已經成為土著，而且成為少數民族的首領，至清代成為改土歸流的對象，被安插回江西本籍。乾隆七年，江西巡撫陳宏謀疏稱：「江省現有高若璠、刁光煥、楊大業、李繩，是滇黔等省改土為流之土司，獲罪遷發來江安插，入籍為民，迄今十有餘年，俱各安分執業，誦詩讀書，有志向上。實與俊秀無殊。請准其與本籍生童，一體應試。再，改土為流之彭肇槐，已回江西本籍吉水縣，所有子弟，

58　羅曰褧：《咸賓錄》，卷八《貴南諸夷》。
59　羅繞典：《黔南職方紀略》，卷一《貴陽府》。
60　羅繞典：《黔南職方紀略》，卷六《松桃直隸廳》。
61　《皇明條法事類纂》卷二九《江西人不許往四川地方閃結夷人、訐告私債例》。

亦應一體考校。」[62]這條材料至少說明：一、清政府在江西安插了一批西南土司，二、在這些土司之中，有不少本來是江西人。

第二節 ▶ 江西山區的人口變遷與贛南客家的形成[63]

一　省內平原與丘陵地區人口向山區的遷徙

明代江西的人口流動，不僅僅是「江西填湖廣」、「湖廣填四川」，也應該包括閩粵及鄱陽湖平原特別是贛中丘陵之民填補江西山區。

元代江西人口稠密地區主要是在贛北鄱陽湖平原和贛中丘陵地區的南昌、饒州、吉安、臨江、撫州等府，而地處贛南、贛東北、贛西北及東、西邊境的山區，大部分地區仍是人煙稀少。戰亂之後贛北九江、南康地區也有類似情況。《明太宗實錄》載：

62　《清高宗實錄》卷一七○，乾隆七月壬戌。

63　相關成果參考：曹樹基《中國移民史》第五卷（明時期）第九章第四節及第六卷（清時期）第五章第一節、第三節，福建人民出版社一九九七年版；饒偉新《明代贛南的移民運動與及其分布特徵》，《中國社會經濟史研究》二○○○年第三期；唐立宗《在「盜區」與「政區」之間——明代閩粵贛湘交界的秩序變動與地方行政演化》，臺灣大學出版委員會二○○二年版；黃志繁《「賊」「民」之間：12-18世紀贛南地域社會》第三章第三節，三聯書店二○○六年版。

永樂三年十一月乙巳，撫安江西給事中朱肇言：「先因九江、南康二府多荒閒田，令有司招致各府縣有丁無田及丁多田少之民任便開墾。今南昌等府民開墾者三千七百八十七戶，實墾田千二百九十七頃三十七畝。」上曰：「此未可遽信，或肇虛增其數，以希進用耳，久當驗之。」蓋肇為人輕妄刻薄，其為此舉也，威迫郡縣，欺給百姓以從之，其實不過二千人，歲余逃亡幾半，皆如上所料云。[64]

　　雖說「不過二千人」，但南康荒地甚多卻是事實。這一帶在元末明初也是戰爭多發地。九江府的瑞昌、德安、湖口、彭澤在洪武、永樂間是一個大移民區，移民多來自南昌和吉安，特別是吉安。同時，這條材料也透露出一個信息：在當時的土地占有情況下，個體農戶的占田規模一般在三十至四十畝。以下是明代弘治至萬曆間江西以府為單位的人口狀況。

・表2-4 明弘治—萬曆間江西各府在冊人口及密度[65]

府名	面積 （平方千米）	人口數 （口）	人口密度 （口）
南昌府	17100	1126119	65.85
瑞州府	4500	396380	88.08
九江府	5100	68315	13.40
南康府	4800	285371	59.45
饒州府	12600	879216	69.78
廣信府	12000	355392	29.62
建昌府	8100	302066	37.29
撫州府	10800	790491	73.19

65 江西布政司人口據《明史》卷四三《地理志四》，為弘治四年的人口
數；南昌府據萬曆《南昌府志》卷七《戶口》，為弘治五年的人口數；
瑞州府據正德《瑞州府志》卷三《財賦志・戶口》，為弘治十五年的
人口數；九江府據嘉靖《九江府志》卷四《食貨志・戶口》，為弘治
五年的人口數；南康府據正德《南康府志》卷五《戶口》，為正德七
年的人口數；饒州府據正德《饒州府志》卷一《戶口》，為弘治十五
年的人口數；廣信府據嘉靖《廣信府志》卷五《食貨志・戶口》，為
弘治五年的人口數；建昌府據正德《建昌府志》卷三《圖籍》，為弘
治十五年的人口數；撫州府據弘治《撫州府志》卷一二《版冊一・戶
口》，為弘治五年的人口數；吉安府據清順治《吉安府志》卷一三《戶
賦》，為萬曆十年的人口數；臨江府據隆慶《臨江府志》卷七《賦役・
戶口》，為弘治五年的人口數；袁州府據正德《袁州府志》卷二《戶
口》，為弘治十五年的人口數；贛州府據嘉靖《贛州府志》卷四《食
貨・戶口》，為弘治十五年的人口數；南安府據嘉靖《南安府志》卷
二十《食貨志・戶口》，為嘉靖十一年的人口數。因此，除吉安府
外，其他府的密度大抵均有可比性。

府名	面積 （平方千米）	人口數 （口）	人口密度 （口）
吉安府	13800	402833	29.19
臨江府	3900	660423	169.33
袁州府	8700	389688	44.79
贛州府	29700	154046	5.19
南安府	7500	44715	5.96
合計	153900	6549800	42.56

　　從上表可以看出：在明代中期，江西人口密度最大的是位於贛江中游的臨江府，這是南昌府和吉安府的連結點。在明代有「大馬頭」之稱的藥都樟樹鎮，便在臨江府所在地的清江縣。處於贛中偏北的瑞州府也是人口密度相當大的地區。明前期江西的主要人口輸出地南昌、饒州、撫州，特別是吉安，在明中後期人口的壓力已得到一定緩解。明中期江西人口密度最小的仍是地處南部的贛州、南安二府，事實證明，這裡在明代中後期和清代成為閩粵流民的主要接納地。其次是贛北的九江、贛東北的廣信、贛中西部的吉安、贛西北的袁州等府。這些府的部分地區如九江的寧州（清為義寧州）、廣信的玉山、吉安的龍泉、袁州的萬載等地，也是閩粵流民的重要接納地。上述各府的累積人口數為五八五〇五五口，少於弘治四年的國家統計數而與萬曆六年的五八五九〇二六口大抵相當。當然，吉安府的人口數是值得懷疑的，這裡曾是江西人口基數最大的地區之一，也是「江西填湖

廣」、丘陵填山地的主要人口輸出地，以該府八縣之地，人口竟少於只有四縣的臨江府。導致在冊人口減少的原因，既因人口的大量流動，也因造冊時的欺隱，這種情況在江西特別是吉安這類士宦鄉紳眾多的地區是十分普遍的。

明代以前，贛南地區經歷了一個緩慢而曲折的開發過程，尤其是兩宋時期，贛南社會逐步進入穩定發展時期，贛縣、于都、寧都、興國、南康等縣開發漸趨成熟，其他縣治也逐步建置起來，大體奠定了日後贛南地區的縣域格局。但歷元入明初，由於戰亂和大規模的傳染病流行，人口驟減，贛南再度淪於地僻人稀的邊陲狀態。明初贛南地區地曠人稀，曾任石城訓導的楊士奇曾有如下描述：「贛為郡，居江右上流，所治十邑皆僻遠，民少而散處山溪間，或數十里不見民居。裡胥持公牒徵召，或行數日底其舍。而岩壑深邃，瘴煙毒霧，不習而冒之輒病，而死者常什七八。」[66]各地的里甲戶口相當有限，有不少縣戶不上千，口不上萬。正是在這樣一種土著人口稀少、土地荒僻的社會生態背景下，明初以來，贛南地區吸納了大批移民。在眾多的外來移民中，就有很大一部分來自贛中。

早在成化年間，贛中籍移民就開始以投佃、招佃或流寓、寄莊的方式流遷贛南。官府明文宣稱：「南、贛二府地方地廣山深，居民頗少，有等定豪大戶不守本分，吞併小民田地，四散置為莊所，鄰境小民畏避差徭，攜家逃來投為佃戶，或收充家

66　楊士奇：《東里文集》，卷六《送張玉鳴序》。

人。」[67]這裡說的「收充家人」，就是逼迫逃來的農民為「佃僕」。正德年間，時任南贛巡撫的王守仁，在征剿上猶「峯巢」時指出：「有吉安府龍泉、萬安、泰和三縣，併南安府所屬大庚等三縣居民無籍者，往往攜帶妻女，入峯為盜。」又說：「且潛引萬安、龍泉等縣避役逃民並百工技藝游食之人雜出於內，分群聚黨，動以萬計。」[68]

嘉靖年間，江西北部和中部的人地矛盾日益緊張，人口壓力越來越大，加上賦役繁重，迫使大量人口外出謀生。由於當時贛南人口稀少，仍有大量未開墾荒地，有不少贛中甚至贛北人口流入贛南謀生。嘉靖初年任南贛巡撫的周用述及：「南贛地方，田地山場坐落開曠，禾稻竹木生殖頗蕃，利之所共趨。吉安等府各縣人民，年常前來謀求生理，結黨成群，日新月盛。其般（搬）運谷石、斫伐竹木及種靛、載杉、燒炭、鋸板等項，所在有之。」[69]而據海瑞估計，吉安、撫州、南昌、廣信諸府的農民，都有逃徙到南安、贛州府佃種的人，不過數量不如逃往外省的多，「即今吉撫昌廣數府之民，雖亦佃田南贛，然佃田南贛者十之一，游食他省者十之九」。為什麼捨近而趨遠？海瑞分析說：「蓋遠去則聲不相聞，追關勢不相及。」在南贛佃種，多土豪勒

67　《皇明條法事類纂》補遺《禁約江西大戶逼迫故縱佃僕為盜、其窩盜三名以上充軍例》。
68　王守仁：《王陽明全集》，卷一〇《奏疏二‧立崇義縣治疏》。
69　周用：《周恭肅公集》，卷一五《乞專官分守地方疏》，《四庫存目叢書》集部第五十五冊。

為「佃僕」，而且離家鄉近，「原籍之追捕不能逃，新附之差徭不可減，一身而三處之役加焉」[70]。

事實上，江西中部及北部平原地區的過剩人口，不僅大量流向荊湖等地從事工商業活動，而且有相當部分（主要是贛中諸府、縣之民）流寓至贛南，或置產寄莊，或經營工商業，或農賈兼業。萬曆年間的太常博士、信豐人黃大節，在論及吉安府之民流寓信豐時指出：「敝邑四封大不過如股掌，其再（在）贛最稱凋瘠之鄉。往者民不謀生，安坐而食，故田土財賦蠹食於吉之萬（安）、泰（和）者七八，即今比屋列廛而市，多屬異鄉之人，幾於中分信邑矣。……蕞爾信邑，名隸於虔，而實入於吉矣。」[71] 其實，早在萬曆之前，此類現象已相當突出。隆慶二年任贛州府通判的廖憲，就曾警示：「余署篆信豐，覽觀風俗，考求利弊最病者，田歸異郡，役累土著。其為鄉人所有者，殆四分之一耳。於稽其故，咸以異郡蠹食吾民。其植根也深，而流蔓也遠。」[72] 在贛縣、于都等縣，贛中人流寓、寄莊的現象也頗為普遍。如于都縣，「正德以後，凋敝益甚，或產去糧存，或戶存人絕，產之歸於吉安之寄莊戶者已十之二三矣」[73]。在贛縣，「萬安沿江小民，以漁舟為家，至長子孫。其中富者……客籍贛土，田連阡

70　海瑞：《興國八議》，《明經世文編》卷三〇九。
71　黃大節：《為阻冒籍通楊太守書》，乾隆《信豐縣誌》卷一四《藝文志》。
72　廖憲：《警俗論》，同治《贛州府志》卷六八《藝文志》。
73　康熙《雩都縣誌》卷四《食貨志・戶口》。

陌，稍有卓鄭之風」[74]。甚至還有人沿贛江支流——桃江滲透到南部偏遠的龍南縣。萬曆十年，龍南知縣張先登在清丈田畝以均賦役的過程中，就選用了許多附籍龍南的、善於田土丈量的泰和縣人。他自述其經歷：「及奉令，即率父老、子弟躬履阡，以上所頒約法，令試為之，數日殊不解。即聞吉郡屬泰和行均田法至再，其民皆熟諳。泰民附籍龍（南）者最多，以類招致，得二十人，分置各鄉，遞相效仿，百弓並舉。」[75]大致說來，明代遷入贛南地區的贛中籍移民，主要分布在開發較早的農耕區，如興國、于都、贛縣等中北部盆地或河谷平原地帶，以及南部信豐縣的河谷地帶。

贛中籍移民流寓寄莊於贛南盆地或河谷地帶的移民方式和分布特點，主要與他們原鄉——吉泰平原的生產方式和生活經驗密切相關。自兩宋以來，贛中吉泰平原一直是江西發達的農耕區。明中葉前後，隨著人口壓力越來越大，大量農業過剩人口轉向工商業，使他們又具備了善於營居的謀生本領。如天啟《贛州府志》中所云：「鄰郡寄居於贛者實繁有徒，非藏於市廛，則役於公家。彼其人多智，善營居，亡幾時即化瘠為腴，求田問舍，稱寄莊矣。」[76]明乎此，我們就不難理解贛中籍移民的上述移民方式和分布特點。此外，贛南中北部地區鄰近贛中諸府，尤其是贛

74　順治《吉安府志》卷一一《風土誌》。
75　張先登：《均田書》，光緒《龍南縣誌》卷八《藝文志》。
76　天啟《贛州府志》卷五《營建志·學宮》。

江水道連接贛中地區與贛南各河谷地帶，便利於贛中移民向贛南遷移。

二　贛南的閩粵籍移民與「客家」的形成[77]

明代贛南另外兩個主要移民來源——閩、粵籍移民，一般是沿著山嶺而流入贛南山區的。贛南東、南、西三面皆為高山峻嶺，但沿邊諸縣與閩西、粵東、粵北、湘東南各縣之間，民間歷來都有往來的通道，將贛南與閩西、粵東、粵北及湘東南連成一片。在閩粵流民流遷贛南的過程中，這些通道具有極為重要的作用。如會昌羊角水，扼閩廣之沖，為南贛咽喉重地。顧炎武曾論及：「羊角水者，接壤廣東之惠、潮，福建之汀、漳，諸寨洞賊欲過江西，必由此入。從此而西，則經長沙營以犯南、贛；從此而北，則經會昌以犯吉、撫諸郡縣，譬諸戶限，往來所必由也。」[78]又如李世熊在回顧明中後期的「寇變」時說：「惠、潮之間有銅鼓障、九連山，其中延袤數百里，小徑穿插數十條，可以透吾汀之武平、上杭，可以透江西之贛州、南安，可以達吉安及湖廣之郴、衡。」[79]

77　按：贛西北寧州（今修水、銅鼓）、新昌（今宜豐）、奉新、靖安、萬載、宜春、萍鄉等地也有數量較多的閩粵籍及贛南籍移民進入，此處從略。參考曹樹基《中國移民史》第六卷（清時期）第五章第一節。

78　顧炎武：《天下郡國利病書》，原編第十三冊《江西》。

79　李世熊：《寇變記》，載中國社會科學院歷史所研究室編《清史資料》（第一輯），中華書局一九八〇年版，第31頁。

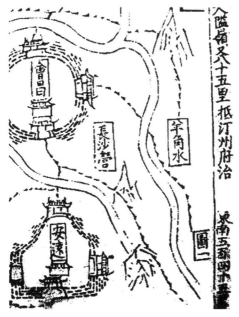

・贛閩粵的重要通道——羊角水，嘉靖《贛州府志》特意標示出其位置。

　　作為明代贛南外來移民的主體，閩粵移民又是以何種方式移入贛南的呢？一般認為，明代的移民可以分為官方主持的移民和民間自發的移民，其中官方主持的移民最具特色和最為顯著，如洪武時期的京師移民和軍籍移民。[80]至於民間自發的移民，何炳棣認為應有相當大的規模，且可能比官方主持的移民對農業開發區的擴展作出了更大的貢獻，但卻在官方史書中幾乎未見記

載。[81]實際上，在明代的里甲戶籍制度之下，民間自發移民多數是非法的，屬於脫離甲戶籍的「無籍之徒」，因而表現為一種特殊的移民形式，即「流民」或「流寇」，而這在官方史書上是有大量記載的。明代贛南地區的閩粵籍移民，即主要表現為脫離原有里甲戶籍的「流民」與「流寇」。在方志以及明人文集中，有大量關於閩粵流民、流寇「進擾」、流聚贛南的記載，他們往往被斥為「廣賊」、「廣寇」、「嶺寇」、「閩賊」、「閩廣流寇」、「汀漳盜」、「程鄉賊」等。

應當強調，明代贛南地區的閩粵「流民」、「流寇」，並非都是那類流竄不定、劫掠為生的無家口之徒。從閩粵流民、流寇在流移地占耕田地，及至後來被官府招撫和就地安插的情況可以看出，他們基本上是以耕作為生的農民。例如，弘治年間被南贛巡撫安插於上猶橫水、桶岡一帶的廣東流民，最初「不過砍山耕活」，後因「生齒日繁」而下山占種當地里甲稅田。[82]即便在王守仁進剿之時，他們仍想方設法下山種墾以維生。據王守仁的部屬報告：「自本年（正德十二年）正月蒙本院撫臨以來，募兵練卒。各賊探知消息，將家屬婦女什物各寄屯山寨林木茂密之處，其各精壯之賊徒，晝則下山耕作，夜則各遁山寨。」[83]同年底，王守仁剿撫該區之後，俘「賊屬」二三〇〇多口，奪獲牛、馬、

81　何炳棣著、葛劍雄譯：《1368-1953 年中國人口研究》，上海古籍出版社一九八九年版，第 138-139 頁。

82　王守仁：《王陽明全集》，卷一〇《奏疏二・立崇義縣治疏》。

83　王守仁：《王陽明全集》，卷一〇《奏疏二・南贛擒斬功次疏》。

驟六百餘匹，「贓仗」二千多件。[84]可見，這些廣東流民屬於攜帶家口甚至農具流離原鄉的移民。贛南其他地區的情況也大體類似。正德十三年，王守仁征剿贛粵交界處的浰頭「賊」時，俘獲「賊屬」近九百多口，奪獲牛、馬一二〇多匹，器械、「贓仗」二八〇〇多件。[85]嘉靖後期，浰頭「賊」餘黨「復叛」於廣東和平縣岑岡、贛南龍南縣下歷、高砂，合為「三巢」。嘉靖四十五年，南贛巡撫吳百朋剿平下歷後，俘獲「賊屬」男婦共三五〇多口，奪獲牛、馬四百多匹、器械一七〇多件[86]；隆慶元年，招撫高砂、岑岡「賊」數人就地安插為「新民」[87]。在東南部安遠縣黃鄉堡一帶，廣東程鄉「賊」葉芳等在正德六年被安插於此，此後不受官府約束，頻繁作「亂」，直到萬曆三年才由南贛巡撫江一麟剿平，俘獲的「賊屬」被重新安插治理。[88]明代贛南各地的閩粵流寇，正是藉著官方的招撫、安插等特殊的移民入籍途徑，最終定居於贛南。總之，明代贛南地區的閩粵籍移民表現為一種特殊的形態，即流民、流寇；或者說，流民、流寇只是遷移過程中的一個階段性表現形態而已，他們最終都定居下來，融入贛南地方社會，從而構成「客家」先民的主流。

　　明代贛南地區的閩粵「流民」、「流寇」這一特殊的移民運

84　王守仁：《王陽明全集》，卷一〇《奏疏二・橫水桶岡捷音疏》。
85　王守仁：《王陽明全集》，卷一〇《奏疏二・頭捷音疏》。
86　吳百朋：《平下歷疏》，同治《贛州府志》卷六七《藝文志》。
87　道光《定南廳志》卷六《兵寇》。
88　江一麟：《平黃鄉疏》，同治《贛州府志》卷六九《藝文志》。

動，經歷了複雜的演變過程，具有明顯的階段性特徵。宣德至弘治年間，閩粵流民不斷向贛南流聚、「進擾」，但尚未演變為大規模的流寇運動。正德年間閩粵流民發展為大規模的流寇運動，結果遭到官府的殘酷鎮壓。嘉靖年間，在東南沿海倭寇之亂的影響下，閩粵贛山區的流民、流寇運動再次高漲，直至萬曆初年才緩和下來。萬曆至天啟年間，儘管經常性的流民運動並未中止，但已經大為緩和。在崇禎年間新一輪大規模的閩粵移民潮再次爆發之前，贛南地方社會一度保持相對穩定。

明代江西的閩粵移民主要流聚在贛南西部的上猶、南康、大庾、崇義，南部和東南部的龍南、信豐、安遠、會昌、定南、長寧，以及東部的瑞金、石城、寧都等縣，其中又以西部南部和東南部諸縣為流聚中心。明中葉贛南西部的崇義、南部的定南、東南部的長寧三縣的添建，正是閩粵流民移落居這些地區的結果。在贛南的不同地區，福建和廣東流民、流寇的分布規模也不盡相同。大致來看，緊鄰廣東的贛南西部諸縣，以粵籍移民為主；緊連閩西的贛南東部諸縣，以閩籍移民為主；而南部諸縣，粵籍移民則相對平衡。可見，明代贛南地區閩粵移民群體的流向和分布，與地理環境密切相關，表現出一定的地緣特徵。

毫無疑問，這一時期的移民運動勢必對贛南地方社會文化產生重要的歷史影響。作為今天客家「大本營」的贛南地區，其地方社會文化存在明顯的內部差異性、多元性和複雜性，這與贛南早期不同來源的移民及其分布密切相關。例如，根據各地方言的差異，羅香林把贛南十七個縣劃分為純客縣與非純客縣，其中純客縣包括尋烏、安遠、定南、龍南、虔南（即全南）、信豐、南

康、大庾、崇義、上猶等十縣，非純客縣包括興國、于都、會昌、寧都、石城、瑞金等七縣。羅香林認定的純客縣，正是明代閩粵移民集中分布的贛南西部、南部和東部諸縣，且其規模超過或相當於清代的規模；而非純客縣，則正是贛中移民集中分布的中北部諸縣。[89]

第三節 ▶ 人口流動與江西地方社會的治亂

一　明初的戶籍制度及其變化

明太祖曾命中書省，凡行郊祀禮，均將天下戶口簿籍陳列台下，祭畢再收入內庫保存。[90]可見對戶籍的重視。明宣宗說得好：「戶口盛衰，足見國家治忽。」[91]

明初戶籍管理沿用元朝舊制，它包括兩個基本原則：其一、人戶以職業定籍。軍、民、匠、醫、灶、陰陽諸色人戶各以原報戶籍為定，不得混淆、不許自行變動，以保證人口職業的穩定性。其二、人戶以居地定籍。民歸省、府、州、縣，軍歸都司、衛、所，各有所統；各處漏口脫戶必須赴所在官府登記入籍，以保證人口居地的穩定性並防止人口的流失。在此基礎上，於洪武

89　參考饒偉新：《明代贛南的移民運動與及其分佈特徵》，《中國社會經濟史研究》二〇〇〇年第三期。

90　萬曆《明會典》卷二〇《戶部二·黃冊》。

91　《明史》卷七七《食貨志一·戶口》。

三年推行新的戶籍戶帖制。洪武十四年，建立了更為嚴密的黃冊制度。《明史・食貨志》說：

> 凡戶三等：曰民，曰軍，曰匠。民有儒，有醫，有陰陽。軍有校尉，有力士、弓鋪兵。匠有廚役、裁縫、馬船之類。瀕海有鹽灶。寺有僧，觀有道士。皆以其業著籍。人戶以籍為斷，禁數姓合戶附籍。漏口、脫戶，許自實。里設老人，選年高為眾所服者，導民善，平鄉里爭訟。其人戶避徭役者曰逃戶。年飢或避兵他徙者曰流民。有故而出僑於外者曰附籍。朝廷所移民曰移徙。[92]

這段文字概括了明初戶籍制度的主要內容。而所謂「人戶以籍為斷」、「以其業著籍」，正是上文所說的明代戶籍管理的兩大原則。要保證這兩大原則的實施，則需要相應的法律強制。

《大明律》定：凡軍、民、驛、灶、醫、卜、工、樂諸色人戶，若有變亂職業、隱瞞丁口，以圖在國家賦稅徭役上詐冒脫免、避重就輕者，杖八十；有司官吏如妄准其變亂職業、隱瞞丁口者同罪。凡一戶全不附籍，有賦役者其家長杖一百，無賦役者杖八十。其他隱瞞已成丁人口或增減年齡以避伕役，以及隱瞞他人丁口者，均笞杖有差。若里長失於查勘致使本里有脫戶漏口或改變職業種類者，處以一百以下杖刑或五十以下笞刑。本縣主管

92　《明史》卷七七《食貨志一・戶口》。

官員及經手吏員對上述現象知情不究或查勘不力者，處以八十以下杖刑或四十以下笞刑。[93]

《大明律》又定：凡人丁外出，必須攜帶官府的文憑路引。凡離開居住地百里以外者，如無文引，軍以逃軍、民以私度關津論，杖八十；如過關不由門、越水不由渡者，杖九十；如屬邊關，杖一百、徒三年；出境者處以絞刑。凡天下要衝去處，均設立巡檢司，專一盤詰往來奸細及販賣私鹽犯人、逃軍、逃囚。雖有文引，卻屬冒名者，杖八十；家人冒名者，罪其家長。把守關津邊塞者，知而故縱同罪，失於盤查減等。有司官吏不應給文引而給、巡檢司越分給文引者，均與犯者同罪。[94]

對於躲避原籍徭役的逃戶，洪武二十三年要求各縣移文，尤其親鄰里甲往逃亡各處起取回原籍；各里甲若有外地人口，也必須即時送官，押赴原籍。並派出國子監生專門督理此事。對於元末躲避戰亂的流民，以及政府組織的移民，則採取了較為優惠的政策，如「免徭役三年」、「即為己業」等。但同時要求，不管是流民還是移民，必須在當地州縣入籍，免徵年限一到，照例起科，應役納稅。且一旦入籍，則不許繼續流動，否則以逃戶論處。[95]

可見，明代制定的戶籍制度及相關法律，都是為了固定人口

93　《大明律》卷四《戶律一・脱漏戶口、人戶以籍為定》。
94　《大明律》卷一五《兵律三・私越冒度關津》。
95　萬曆《明會典》卷一九《戶口一・戶口總數》。

的居住地及所從事的職業，並希望通過這些手段來達到社會秩序的永久不變。但明代江西地區人口的流動卻恰恰在這兩個方面，即在居住地和所從事的職業兩個方面對國家的戶籍制度構成挑戰。

正統時期在明代歷史上是值得關注的。一方面，經過大半個世紀的醞釀、發展，各種社會矛盾在這一時期都凸現出來；另一方面，太祖、太宗的英雄故事已成過去，一個缺乏政治權威的政府多半隻能順應社會經濟潮流而無法對其進行抗拒。對於日益嚴重的流民、逃戶問題，政府只能在堅持祖宗法度與順應民眾意志之間進行妥協。《明史・食貨志》對正統時期這方面的改制給予了高度重視並作了如下敘述：

> 凡逃戶，明初督令還本籍復業，賜覆一年。老弱不能歸者，令所在著籍，授田輸賦。正統時，造逃戶周知冊，核其丁糧。凡流民，英宗令勘籍，編甲互保，屬所在裡長管轄之。設撫民佐貳官。歸本者，勞徠安輯，給牛、種、口糧。又從河南、山西巡撫于謙言，免流民復業者稅。……凡附籍者，正統時，老疾致仕事故官家屬，離本籍千裡者許收附，不及千裡者發還。[96]

當然，一紙《逃戶周知冊》是不可能解決人口逃亡問題的。一方面，政府對政策的修訂往往是帶有被動性、往往是在社會問

96　《明史》卷七七《食貨志一・戶口》。

題與固有政策發生劇烈衝突並產生惡果之後進行的;在推行過程中,又會遇到來自各方面的阻力,有關人員更多行敲詐勒索之事。另一方面,逃戶既然為了躲避原籍賦役而離鄉背井,自然也不願套上新的枷鎖,他們千方百計地脫逃戶籍。當然,《逃戶周知冊》雖說是針對逃戶而言,但它所覆蓋的範圍卻既包括逃戶,也包括流民。其實,對於「逃戶」和「流民」,除在元末明初這一特定歷史時代具有意義之外,其他時期一般是沒有區別的,無論流民、逃戶,統可以「流民」稱之。

丘濬是明中期著名學者,也是在成化、弘治時期有重要政治影響的人物。他對於江西人口向湖廣流動的認識及應對如下:

以今日言之,荊湖之地,田多人少,江右之地,田少人多。江右之人,大半僑寓於荊湖。蓋江右之地力所出不足以給其人,必資荊湖之粟以為養也。江右之人群於荊湖,既不供江右公家之役,而荊湖之官府,亦不得以役之焉,是並失之也。臣請立為通融之法:凡江右之民寓於荊湖,多歷年,所置成產業者,則名以稅戶之目;其為人耕佃者,則曰承佃戶;專於販易傭作者,則曰營生戶。隨其所在,拘之於官。詢其所由,彼情願不歸其故鄉也(不願者勿強),則俾其供詞,具其邑里,定為板冊。見有某人主戶(本貫無人者不許),見當某處軍匠(遇闕依次勾角),明白詳悉,必實毋隱。然後遣官賫冊,親詣所居,供報既同,即與開豁所在郡邑,收為見戶,俾與主戶錯居共役。有產者出財,無產者出力,如此通融,兩得其便。江右無怨女,荊湖無曠夫,則戶口日以增矣。江右有贏田,荊湖無曠野,而田野日以辟矣。此

亦蕃民生、寬力役，一視同仁之道也。[97]

　　一方面，從民生的角度考慮，田少人多的江西向田多人少的湖廣輸出人口，乃是無可厚非之事。「江右之地力所出不足以給其人，必資荊湖之粟以為養也。」另一方面，從國計的角度考慮，江西人口流入湖廣後，在原籍的賦稅徭役解除了，就必須在新居地納糧當差，「有產者出財，無產者出力，如此通融，兩得其便」。以便最終達到「江右無怨女，荊湖無曠夫」、「江右有贏田，荊湖無曠野」、戶口日以增、田野日以闢的目的。

　　雖然丘濬對於人口流動的認識已有很大的進步，但仍停留在被動的消極階段，而嘉靖時的海瑞則主張採用積極而主動的方式，即以優惠政策鼓勵或引導鄱陽湖平原及贛中丘陵區的人口向贛南山區流動：

　　今日若張主有人，凡願籍南、贛者，與之除豁原籍，而又與之批照以固其心，給之無主山地荒田，使不盡佃僕於富戶，民爭趨之矣。民爭趨之，則來者附籍不歸，未來者仰慕，不數年間，南、贛無餘地，村居聯絡，可以挾制諸巢之寇。吉安等府無餘民，衣食不窘，可無為逃流為盜賊之憂。一舉而合省之民均有利焉。[98]

97　丘濬：《江右民遷荊湖議》，《明經世義編》卷七二。
98　海瑞：《興國八議》，《明經世文編》卷三〇九。

丘濬、海瑞的上述認識，反映了明代上層社會對人口流動問題在觀念上的變化。當然，正如海瑞所說，其終極目的仍然是：使「南、贛無餘地」、「吉安等府無餘民」，從而既「挾制（南贛）諸巢之寇」，又使吉安等府人民「無為逃流為盜賊」。也就是說，都是為了社會秩序的穩定。

二　明中後期江西的流民問題與政府的應對

流民問題與正德、萬曆間崇義、峽江、長寧等九縣的設置[99]

　　江西在明代領十三府、一州、七十七縣，其中有九縣屬明代新置：南康府的安義縣為正德十三年二月析建昌縣安義等五鄉所置；饒州府的萬年縣為正德七年以餘干縣的萬春鄉所置，並析鄱陽、樂平及貴溪三縣地益之；廣信府的興安縣為嘉靖三十九年八月以弋陽縣的橫峰寨所置，並析上饒、貴溪二縣地益之；建昌府的瀘溪縣本為南城縣瀘溪巡檢司，萬曆六年十二月改為縣；撫州府的東鄉縣為正德七年八月以臨川縣的孝岡所置，並析金溪、進賢、餘干、安仁四縣地益之；臨江府的峽江縣本新淦縣之峽江巡檢司，嘉靖五年四月改為縣，並析新淦縣六鄉地益之；贛州府的定南縣為隆慶三年三月以龍南縣之蓮莆鎮所置，並析安遠、信豐二縣地益之；贛州府的長寧縣則為萬曆四年三月以安遠縣之馬蹄

99　參考唐立宗：《在「盜區」與「政區」之間──明代閩粵贛湘交界的秩序變動與地方行政演化》，臺灣大學出版委員會二〇〇二年版；黃志繁：《「賊」「民」之間：12-18 世紀贛南地域社會》第三章第三節，三聯書店二〇〇六年版。

岡所置，並析會昌縣地益之；南安府的崇義縣則為正德十四年三月以上猶縣之崇義里所置，並析大庾、南康二縣地益之。另外，南昌府的寧州本為寧縣，弘治十六年由縣升州。**100**

從時間上看，上述新置的九縣，崇義、東鄉、萬年、安義四縣為正德時所置，興安、峽江二縣為嘉靖時所置，長寧、定南、瀘溪三縣為隆慶及萬曆初所置。唯一的一個州——寧州則為弘治時由縣升州。從空間上看，位於贛南山區的有崇義、長寧、定南三縣，位於贛東北山區的有萬年、興安、瀘溪三縣，位於贛中丘陵的有東鄉、安義、峽江三縣，寧州則位於江西的西北山區。

除了個別之外，上述新設縣都與人口的流動特別是流民與政府的鬥爭密切相關。**101**茲以正德時所設萬年、東鄉、安義、崇義四縣為例說明江西整體的情況。

明武宗正德三年，聚集在饒州府鄱陽、餘干、樂平及廣信府貴溪、安仁一帶的流民因不堪忍受官府的欺壓，以姚源山為中心，推舉王浩八為首領，揭竿而起，聚眾數萬人，轉戰江西、浙江、南直三省邊界，與官兵周旋達五六年之久。他們活捉了樂平

---

100 《明史》卷四三《地理志四・江西》。

101 參見方志遠：《曠世大儒——王陽明傳》第五京，河北人民出版社二〇〇〇年版。另見黃志繁所整理的「明代贛南地方動亂年表」，載《「賊」「民」之間：12-18世紀贛南地域社會》，第117-127頁；饒偉新亦整理過「明代贛南地區流民、流寇年表」，載所著《明代贛南族群關係與社會秩序的演變：以移民和流寇為中心》附表六，廈門大學一九九九年碩士論文。

知縣、攻破了安仁縣城，殺死、殺傷官兵上萬人。[102]正德七年，明政府在姚源洞附近，以餘干縣萬春鄉為中心，建立萬年縣，用以管轄這一帶的流民。這個新設置的縣級衙門，不久也被流民攻陷。

正德六年，聚集在撫州府臨川縣的流民，以王玨五等人為首，與官府對抗，被官兵、狼兵所殺的有一一○○○餘人，為官兵所破的聚落點有二六五處。[103]正德七年八月，明政府以流民鬧事的發起地、臨川縣的東鄉為中心，設置了東鄉縣。

正德五年，瑞州府高安縣的流民集結在華林寨，以羅光權為首，聚眾萬人，連破瑞州府城及新余、分宜、上高、奉新、靖安、建昌等縣城，聲勢浩大。[104]而在建昌縣安義鄉一帶，則活躍著以徐九齡為首的流民組織，他們出沒江湖幾十年，黃州、德安、九江、安慶、池州、太平「咸被其害」。[105]正德十三年，明政府採納了南康府知府陳霖的建議，以建昌縣安義鄉為中心，設置安義縣。

而南安府崇義縣的設置，更是流民與政府鬥爭的產物。

天順、成化時，江西南安府大庾、上猶、南康等縣的橫水、桶崗、左溪、長流等處，以及贛州府的安遠、信豐、會昌，福建汀州府的清流、上杭，漳州府的南靖、龍岩，廣東惠州府的龍

---

102 《明史》卷一八七《陳金傳》。
103 《明武宗實錄》卷八七，正德七年閏五月甲寅。
104 《明武宗實錄》卷九三，正德七年九月乙酉。
105 《明史》卷一八七《俞諫傳》。

川、長樂以及湖南郴州等四省毗鄰山區，聚集著大量來自江西吉安等府及廣東、福建的流民。流民們成百上千，各為聚落，同時也因山場、田地的歸屬等問題與當地土著居民發生糾紛。地方官府在這些爭執中自然是維護土著居民的利益，流民只能通過自己的力量來保護自己。加上流民中多雜有流氓無賴之徒，往往挑起事端，搶劫殺掠也就難以避免。官府出面干預，流民輒行抵抗，遂釀成武裝衝突。時間一長，流民結成了無數股武裝勢力。其中勢力最大的，有江西上猶縣橫水的謝志珊、桶崗的藍天鳳，廣東龍川縣浰頭的池仲容，福建南靖縣的詹師富等。這在贛南地區表現尤為突出而持久。

明政府為了加強對閩、粵、湘、贛邊界流民聚集地區的管理，於成化七年正月以福建汀州府清流縣之明溪鎮置歸化縣，並析將樂、沙縣、寧化三縣地益之；以上杭縣溪南裡之田心地置永定縣，並析勝運等四裡益之。成化六年，以漳州府龍岩縣九龍鄉置漳平縣，並析居仁等五裡地益之。弘治七年，明政府更批准了江西鎮守太監、巡按江西監察御史及三司的請求，設巡撫南贛汀漳都御史，開府贛州，遇有緊急軍情，閩、粵、湘、贛四省三司，皆聽節制。但這裡的「奸氓」、「不逞之徒」並沒有因為南贛汀漳巡撫的設置而平息，相反，氣勢卻越來越大，而且不少已建號稱王。官軍屢次圍剿，不是無功而返，便是大敗而歸。直到正德十二三年間，經王守仁的苦心經營，才將其逐個剿平。在平定了福建南靖詹師富後，王守仁於正德十四年六月奏准以南靖縣之河頭大洋陂置平和縣，並以漳浦縣地益之。平定龍川浰頭池仲容後，王守仁於正德十三年八月以龍川縣之和平司置和平縣，並

析河源縣地益之。正德十二年，在上猶橫水謝志珊被平滅後，當地鄉紳聯名上書：

上猶等縣橫水、左溪、長流、桶岡、關田、難湖等處，賊巢共計八十餘處，界乎三縣之中，東西南北相去三百餘里，號令不及，人跡罕到。其初峒賊，原是廣東流來。先年，奉巡撫都御史金澤行令安插於此，不過砍山耕活。年深日久，生長日蕃，羽翼漸多，居民受其殺戮，田地被其占據。又且潛引萬安、龍泉等縣避役逃民並百工技藝游食之人雜處於內，分群聚黨，動以萬計。始漸虜掠鄉村，後乃攻劫郡縣。近年肆無忌憚，遂立總兵，僣擬王號，罪惡貫盈，神人共怒。今幸奏聞征剿，蒙本院親率諸軍，搗其巢穴，擒其首惡，妖氛為之掃蕩，地方為之底寧。三縣之民歡欣鼓舞，如獲更生。訪得各縣流來之賊，自聞夾攻消息，陸續逃出頗眾，但恐大兵撤後，未免復聚為患。合無三縣適中運算，建立縣治，實為久安長治之策。[106]

於是，王守仁以這份或為自願或經授意而寫成的「上書」為由，奏准於上猶縣崇義里設置崇義縣，修築縣城，管轄原上猶縣崇義等三里、大庾縣義安等三裡及南康縣的至坪里，認為這是「變盜賊強梁之區為禮義冠裳之地，久安長治無出於此」的最好辦法。同時在縣西南的鉛廠、東南的長龍及西北的上保三處分設

巡檢司，又命千戶孟俊在茶寮伐木立隘，以扼要害。這樣，南安府的「山賊」便無處躲身了。[107]

　　嘉靖五年所設的峽江縣，其所在地雖然沒有發生大的流民起事，卻也騷亂不斷。錢琦《設縣事宜》記峽江縣設縣的由來：

　　照得本府所屬縣治地方，惟新淦最廣，難於控馭。考之前代，有石陽、巴丘、新淦三縣，至元改新淦為州。我朝尋復為縣。今之新淦，實為一州二縣之地也。東與樂安、豐城接界，南連吉水、廬陵、永豐。賊盜生發，吉水諸縣彼此為巢，難以力捕。夫立縣則亦吉水諸縣之便也。凡錢糧之催徵，公事之勾攝，民之弱者閉門上山，強者集眾拒抗，甚至中途哄奪府縣。添人拘捕，則假稱激變，以挾制官府。……再照新淦原額五百七十里，今歸併止五百二十里。開國以來，戶口日增，何新淦民日減哉？化不行也。歸併之地，必皆頑民所居也。歸併日多猶無害也，頑民日多為可慮也。……蓋峽江之地，離官僻遠，又多深山阻谷，小民被狡獪者霸占田地而不收糧，或賣以與人而收糧不盡。間有訴告，又因依山負固，官府不能一一拘理，甚至物料夫差，百端催迫，至不能存，而竄徙於他鄉，或商販於別省，或投入勢要，為家奴佃僕。民之逃亡，此其故也。民雖逃亡，田糧如故，一遇徵期，官府只將里長催並。里長幾何，能堪而出官哉？中間固有被積年猾家包克者，然而頑者不肯出官，弱者不敢出官，亦自不

107 王守仁：《王陽明全集》，卷一一《再議崇義縣治疏》。

能無矣。民與里長既逃亡而不出官,則不特秋糧之拖欠也。一應
坐派軍需物料,里長委之,人戶逃亡;官府委之,里長不出。逐
年拖欠,又積而至無算矣。由此言之,錢糧逋負,由於里長之不
出;里長不出,由於小民之逃亡;小民逃亡,由於田糧之不明。
其根源所自,斷斷無疑也。**108**

可見,峽江縣的設置,也是因為人口的流動。一方面,由於
「田糧之不明」,致使本地居民不斷逃亡,戶口減少;另一方
面,由於「離官僻遠」、「深山阻谷」,致使外地流入的「頑民日
多」,政府卻無法進行管理或控制,錢糧無法徵收。

隆慶三年設置的定南縣、萬曆四年設置的長寧縣,同樣是為
著解決流民問題。吳百朋《分建長寧縣疏》說:

安遠縣黃鄉、雙橋等堡地方,離縣三百餘里,與廣東平遠、
和平、龍川等處接壤,實為江、廣兩省上游,層巒疊嶂,不逞之
徒,向來嘯聚其中,歷稽往牒,如酈子安、黎仲瑞、王霄壤、高
安、陳良玉、張士錦等相繼猖獗,積久而後勘定。正德五年,該
縣貢生林大綸等具呈,乞於地名李福灣、三省巢峒之沖,建立州
治以控制之,竟因會議遷延,遂使三百餘里土地人民,盡沒於葉
楷之手。迄今八十餘年,橫極而禍烈矣。近賴朝廷威武神靈,逆
楷伏誅。然特一時之利,未為永久之規。須趁此時會,開設縣

---

108 錢琦:《設縣事宜》,《明經世文編》卷二二六。

治，控制要沖，敷聲教而化導之，如先臣平桶岡而建崇義，平浰頭而建和平，平高砂、下歷而建定南，皆杜遺孽潛滋之萌，貽生靈久安之休。不然，堤防疏闊，萬一有復如楷者，誠不知其終也。為今經久之圖，孰有逾於建縣者哉。**109**

　　贛州府安遠縣地處閩粵贛交界地區，早在明成化、弘治、正德時，就是流民的聚集處，南、贛、汀、漳一帶流民起事時，這裡是中心地區之一。王守仁平定流民後，分別在福建、廣東、江西設立了平和、和平、崇義三縣進行管理，當時或出於平衡關係的考慮，沒有在安遠分設他縣，但此後騷亂不息，明政府最終不得不另立長寧縣以行鎮壓。

巡撫南贛都御史

　　明中期為解決流民問題而進行的行政機構的改革不僅僅限於增設幾個縣，更為重大的舉措是在江西增設了一個准省級機關：巡撫南贛都御史。

　　南贛巡撫的正式設置在弘治八年。《明孝宗實錄》載：

　　弘治八年四月辛巳，升廣東左布政使金澤為都察院右副都御史，巡撫江西南贛等處。先是鎮守江西太監鄧原奏：南、贛二府，界福建、廣東、湖廣之交，流賊出沒，事無統一，難於追

---

109 吳百朋：《分建長寧縣疏》，同治《贛州府志》卷六七《藝文志》。亦可參見江一麟：《平黃鄉疏》，同治《贛州府志》卷六九《藝文志》。

捕，以致盜賊猖獗、地方不寧。宜增設巡撫都御史一員，專以贛州為治所，兼理南安、贛州、建昌三府及廣東之潮、惠、南雄，福建之汀州，湖廣之郴州等處捕盜事。其南贛兵備副使暫為裁革。兵部覆奏，詔從其議。巡撫官命吏部會推，故有是命。賜之敕曰：「江西、福建、廣東、湖廣各布政司地方交界去處，山高嶺峻，樹林蒙密，累有盜賊生發，流劫縣治、殺虜人民，東追則西竄，南捕則北奔，且因地連各境，事無統屬，彼此推調回護，以致盜賊橫行肆暴，略無畏懼。先年嘗准鎮守等官奏請，添設都御史一員在彼巡撫總督。後因地方寧息革去。今鎮守江西太監鄧原又以為言，事下兵部，復奏宜允其請。特升爾前職，巡撫江西南安、贛州、建昌，福建汀州，廣東潮州、惠州、南雄各府，湖廣郴州地方，會同各該鎮守官，嚴督兵備、守備、分巡、分守軍衛有司，剿捕盜賊，撫安軍民。凡事幹各該府州地方賊情軍馬錢糧，各該都、布、按三司官員俱聽節制調度。平時民情事務，不須干預。爾常在贛州住札，不時往來於原擬各府州巡視。但有遠近盜賊生發，即調官軍、民快，設法剿捕。如長河梅花等洞、大盤等山，先年嘗有賊發去處，亦須預加防遏。尤須選委廉能屬官，密切體訪，及僉所在大戶被害之家有智力人丁，設法追襲，量加糧賞；或募知因之人，陰為鄉導；或購賊徒，自相斬捕；或聽脅從並亡命窩主人等自首免罪。仍各嚴加戒約應捕人員，務得真正賊犯，不許妄執頂數，及容賊挾讎攀引，因而嚇取財物、擾害良善。每月奏報已未獲數，用憑稽考。凡遇饑荒，設法賑濟；城池或有圮塞，即行築浚；軍器或有損壞，量宜修備。司、衛、府、縣官員中廉能公勤、政務修舉者，量加獎勸。其有隱匿賊

情、退縮不捕及貪酷不才者，除文職五品以上及軍職具奏區處，六品以下爾即逕自究治。凡事有便於軍民地方者，悉聽爾便宜處置具奏。事有當與鎮守、巡按、三司計議者，亦須公同計處，務在公當，俾民安盜息、地方無虞，斯副簡任。爾其欽承之，毋怠毋忽。故諭。」[110]

這是有關南贛巡撫設置的最為詳盡也最為可靠的記載。從這段記載特別是明廷給首任巡撫金澤的敕諭中，可以清楚地看出南贛巡撫設置的緣由、步驟、管轄範圍及實際權限：

一、南贛巡撫的設置專為江西、福建、廣東、湖廣邊境的流民問題。

二、其設置其實分為三步：第一步是委任一個巡撫江西右僉都御史（詳下），專門清剿鬧事的流民（主要是南贛地區的流民）；第二步是增設南贛兵備副使；第三步則是設置南贛巡撫。

三、弘治八年初置南贛巡撫時，其管轄範圍為：江西的南安、贛州、建昌三府，福建的汀州府，廣東的潮州、惠州、南雄三府，湖廣的郴州，凡四省毗鄰地區的七府一州。

四、專司「剿捕盜賊，撫安軍民」，而各相關省府州文職軍職官員均受其節制，但不得干預「民情事務」。

在明廷給首任巡撫金澤的敕諭中，有一句話是不準確的：「先年嘗准鎮守等官奏請，添設都御史一員在彼巡撫總督。後因

110 《明孝宗實錄》卷九九，弘治八年四月辛巳。

地方寧息革去。」此事發生在成化二十一年三月，由於南贛及江西各地頻頻發生流民鬧事，明廷「升」廣東按察使閔珪為都察院右僉都御史，巡撫江西，主持剿捕事宜。[111]雖然主要是為著剿捕南贛「盜賊」，但並非專巡撫「南贛」，而是巡撫「江西」。由於這個江西巡撫主要是為著四省邊境流民問題而設，所以仍然可以視為南贛巡撫設置的第一步。

第二年二月，明廷根據江西巡撫閔珪的建議，在贛州設兵備道，專理四省邊境地區的「捕盜」事務。《明憲宗實錄》載：「成化二十二年二月癸卯，敕廣西按察司僉事李轍專居贛州，提督捕盜。巡撫江西右僉都御史閔珪等言：贛州與福建、廣東、湖廣境，流賊攻劫，分巡等官責任不專，事多牽掣，乞專委按察司官一人，專居贛州，分巡嶺北道，提督捕盜。事下兵部，言宜如珪議。敕分巡僉事李轍專任其事，並行三省附近衛所有司，俱聽調遣。」[112]但南贛流民仍無法剿滅。於是在成化二十三年十二月，繼任江西巡撫李昂建議，在贛州府的會昌縣設江西行都指揮使司，以提高剿捕流民的力度。兵部部分地採納了李昂的建議，但認為「江西地狹兵寡」，不具備設行都司的條件，主張依照梧州「中制兩廣」的模式，在會昌設分守參將、兵備副使各一員，統領福建、江西五個千戶所，並訓練民快六七千人，「分屯操

---

111 《明憲宗實錄》卷二六三，成化二十一年三月己酉。
112 《明憲宗實錄》卷二七五，成化二十二年二月癸卯。

守」。[113]這樣，在贛州出現了分巡、分守、兵備副使三套機構，猶如一省之有三司，互不相屬。這就是明廷在設置南贛巡撫敕諭中提到的「南贛兵備副使」。這可以說是南贛巡撫設置的第二步。

由於流民鬧事愈演愈烈，分巡、分守、兵備副使三套機構不僅事權不統一，且品級和權威都不足以主持捕剿事務，明朝政府不得已而走出了第三步：直接設置巡撫南贛都御史以取代南贛兵備副使。所以說，正是流民問題的升級而導致了南贛巡撫的產生。

類似的情況此前不久也發生在湖廣的西北部。為瞭解決荊襄流民問題，明政府在成化十五年設「撫治」鄖陽都御史，轄湖廣之鄖陽、襄陽二府，河南南陽府之鄧、唐等州縣，陝西西安府之商州、漢中府之興安等州縣。[114]但南贛巡撫的轄地更大，且巡撫的規格也高於「撫治」。不僅如此，由於鎮壓流民的戰爭規模越來越大，南贛巡撫的級別也逐步越高，由僉都御史（正四品）而副都御史（正三品）。南贛巡撫的權限也逐漸擴大，由巡撫而兼提督軍務：「一應軍馬錢糧事宜，俱聽便宜區畫，以足軍餉。但有盜賊生發，即便設法調兵剿殺，不許踵襲舊弊，招撫矇蔽，重為民患。其管領兵快人等官員，不問文職武職，若在軍前違期並

---

113 《明孝宗實錄》卷八，成化二十三年十二月癸酉。
114 原傑：《開設荊襄職官疏》，《明經世文編》卷九三；《明憲宗實錄》卷一九〇。另見方志遠：《明代的巡撫制度》，《中國史研究》1988 年第 3 期；《明清湘鄂贛地區的人口流動與城鄉商品經濟》第三章。

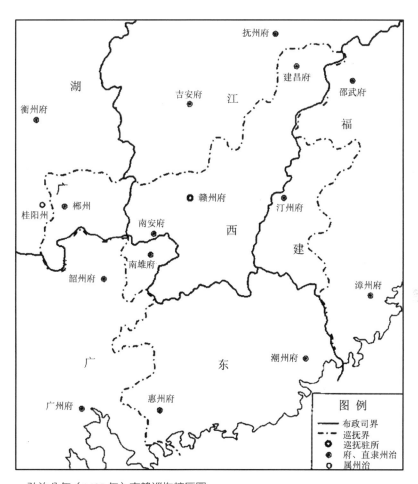

．弘治八年（1495 年）南贛巡撫轄區圖
．本圖參考唐立宗：《明代南贛巡撫轄區新探》（見《歷史地理》第十九輯）文
中地圖及郭紅、靳潤成：《中國行政區劃通史・明代卷》，復旦大學出版社
2007 年版，第 794 頁，圖 47。

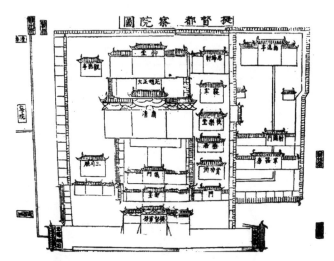

·南贛巡撫衙門圖，嘉靖《贛州府志》圖十二。

逗遛退縮者，俱聽軍法從事。生擒盜賊，鞫問明白，亦聽就行斬首示眾。」[115]南贛巡撫衙門的規制也水漲船高，成化、弘治間，歷宦南、北二京及福建、湖廣、山西、四川等地並出任山西巡撫的何喬新對南贛巡撫衙門作了如下記敘：

前後堂各五間，穿堂兩廊，大門、儀門廊廡各若干間，堂左建後樂堂，東則建賞功所。大門之外，立撫安、鎮靜二坊牌。屏牆之南，又立三司廳，以為巡守、兵備會議白事之所。……穿堂峻宇，高閣崇墉，規制壯麗，他鎮所未有也。凡公政令之布，賞罰之施，皆在此。諸帥出兵、受律、獻馘，亦在此。郡縣百司政

115 王守仁：《王陽明全集》，卷一○《換敕謝恩疏》。

有弛張，亦必至此白之，而後敢罷行焉。[116]

三　王守仁在南贛的經營

王守仁的「臨危受命」

　　正德朝是明代的多事之秋，武宗皇帝一即位，就信用宦官劉瑾等人，使得內、外廷官僚集團的矛盾迅速激化，也導致了宦官勢力的急遽膨脹，宦官勢力由中央擴展到地方，從而又加劇了社會矛盾的發展。

　　從正德三年開始，四川先後爆發了以劉烈、藍廷瑞、鄢本恕、廖惠、曹甫、方四、駱松祥、范藻等人領導的農民起義，直到正德九年才被最後鎮壓。而正德五年到正德七年間的以劉六、劉七兄弟及趙燧、楊虎、劉惠、齊彥名等人領導的河北農民起義軍，更席捲南北直隸及山東、河南、湖北，為明朝中期影響最大的農民起義。

　　如前所述，此時的江西尤其是南贛地區也是亂無寧日。正是在這種情況下，明政府起用了王守仁。正德十一年九月，朝命下達，升王守仁為都察院左僉都御史，巡撫南贛汀漳等處。[117]巡撫通常掛銜都察院，根據資歷的深淺，分別為「右僉都御史」（正四品）、「右副都御史」（正三品）。[118]王守仁受命之前是南京鴻

---

116 何喬新：《新建巡撫院記》，嘉靖《贛州府志》卷一一《藝文》。

117 《明武宗實錄》卷一四〇，正德十一年八月戊辰。

118 關於明代巡撫的問題，參見方志遠：《明代的巡撫制度》，《中國史研究》一九八八年第三期。

臚寺卿，正四品官，所以初任巡撫時只能是「僉都御史」，但從實際權力和地位來說，「僉都御史」的巡撫與「副都御史」的巡撫並無區別，都相當於二品大員。吏部在這年十月二十四日下達的公文上面轉述了以皇帝名義發布的敕諭：

> 江西、福建、廣東、湖廣各布政司地方交界去處，屢有盜賊生發。因地連各境，事無統屬，特命爾前去巡撫江西南安、贛州，福建汀州、漳州，廣東南雄、韶州、惠州、潮州各府，及湖廣郴州地方，撫安軍民，修理城池，禁革奸弊。一應地方賊情，軍馬錢糧事宜，小則逕自區畫，大則奏請定奪。但有盜賊生發，即便嚴督各該兵備守禦守巡，並各軍衛有司設法剿捕，選委廉能屬官，密切體訪；及簽所在大戶，並被害之家，有智力人丁，多方追襲，量加犒賞；或募知因之人，陰為向導，或購賊徒，自相斬捕，或聽協從並亡命窩主人等，自首免罪。其軍衛有司官員中政務修舉者，量加旌獎；其有貪殘畏縮誤事者，逕自拿問發落。[119]

朝廷所給的權力，不能說不大。而兵部的公文則特別提到都御史文森因遷延誤事而被處置，內節錄皇帝的敕諭，要求王守仁「著上緊去，不許辭避遲誤」，責任也十分重大。

正德十二年正月十六日，王守仁來到了南贛汀漳巡撫衙門的

119 王守仁：《王陽明全集》，卷一六《巡撫南贛欽奉敕諭通行各屬》。

所在地贛州。自成化以來，贛、閩、粵、湘接壤山區治安狀況極為混亂，經常發生山民聚眾搶劫過往商人的事件。當地官府派兵搜捕，山民或憑藉地形潛逃，或對人數較少的官兵發起襲擊。時間一長，釀成動亂。為了加強對這一地區的控制，明政府採納了江西地方政府的提議，設立巡撫，管轄江西南安、贛州，福建汀州、漳州，廣東潮州、惠州、南雄，以及湖廣的郴州，共七府一州，組成了一個「特別行政區」。

這一地區遠離各省統治中心，經濟文化落後，向來就是沒有王法的地方。土著居民和客居僑民之間、家族與家族之間，因為山林、田地及其他事情引起糾紛，里老管不了，也不提起訴訟，而是動輒械鬥。地方官員則多由內地貶謫而來，除了搜刮百姓，大多飽食終日，無所用心。明朝建國之初雖然也在這一地區設立了里甲制度，但數十年後，早已名存實亡。巡撫設置之後，形勢並無好轉。從弘治十年開始，到正德十一年，近二十年間，巡撫換了幾任，山民聚結守險，搶劫商人，抗拒官兵，而且越鬧規模越大，有不可收拾之勢。

「破山中賊」

王守仁平滅「山賊」的第一步是到任後在各府州縣發布名為《十家牌法告諭各府父老子弟》的告示，推行十家牌法，即首先切斷城鄉居民與「山賊」的連繫。在給各按察司分巡道的指令中，王守仁說明了推行「十家牌法」的真正用意：

照得本院巡撫地方，盜賊充斥。因念御外之策，必以治內為先。顧蒞事未久，尚昧土俗，永惟撫輯之宜，憒然未有所措。訪

得所屬軍民之家，多有規圖小利，寄住來歷不明之人，同為狡偽欺竊之事。甚者私通峯賊，而與之傳遞消息；窩藏奸宄，而為之盤據由緣。盜賊不靖，職此其由。**[120]**

　　由於居民多通「山賊」，所以才行十家牌法，其實是行十家連坐法，一家「窩藏」或者暗通「山賊」，十家連坐。通過這種辦法，使得居民不敢和「山賊」接觸，斷其內應和糧食補充。王守仁要求各分巡道將他的指令立即下達給所屬府、縣，由掌印官親自負責，依照樣式製作「十家牌」，沿街沿巷、逐鄉逐村，挨次編排，必須在一個月之內完成。各道要嚴加督察，到時檢查，將所造名冊繳巡撫衙門，以備查考。依違拖查、過期未辦者，罰；急公忘私、編排及時者，獎。王守仁再接再厲，在十家牌法的基礎上，又推出了保長法，與十家牌法一道，構成了保甲法。

　　接下來是選練民兵。王守仁要求四省各分巡道的兵備副使，在所屬各縣的弩手、打手、機兵、捕快之中，挑選「驍勇絕群、膽力出眾之士」，每縣多則十幾人，少則八九人；如數量不夠，則懸賞召募，重賞之下，必有應募者。江西、福建兩兵備道，各召五六百人，廣東、湖廣兩兵備道，各召四五百人。從中再選出勇力、膽識尤其出眾者，用為將官。又從衛所軍官中挑選武藝出眾、有實戰經驗者，對民兵進行正規訓練，使其熟悉金鼓號令、進退步法，以及攻防之術。編練民兵是兵備道的責任，巡撫衙門

---

120 王守仁：《王陽明全集》，卷一六《案行各分巡道督編十家牌》。

則時加督察，偶爾進行調遣，檢驗其機動能力。[121]王守仁對這支新編的民兵寄予了很高的期望，稱之為「精兵」。而實際上，在以後對四省山區義軍及慣匪的戰鬥中，這支民兵也真起了核心和骨幹作用。

同時，通過疏通鹽法、提留商稅自行籌措兵餉。王守仁認準了這兩個財源，連續給朝廷上疏，要求：第一，不僅南安、贛州繼續行廣鹽，而且將廣鹽的行銷範圍擴大到吉安、臨江、袁州；如商人在南安、贛州二府賣鹽，需按十抽一的原例納稅，如在吉安等三府賣鹽，因利潤更大，應按十抽二的比例交稅。第二，整頓南安折梅亭、贛州龜角尾兩個稅關，統一在龜角尾收稅，這樣，來往商人不覺繁複，但也無法偷稅漏稅，更為重要的是，可以革除奸吏貪污及因為收受賄賂而少收或不收商稅的積弊。第三，在當地的民亂沒有平定之前，這些商稅留作南贛巡撫平亂的軍費。[122]經過反覆的陳述和交涉，朝廷同意了王守仁的要求，加上對貪官污吏贓銀的追索，編練民兵的軍費問題基本解決了。

與以上準備工作同時進行的是毫不留情的軍事打擊。

比較而言，勢力最大、最難破滅的「山賊」是在江西和廣東交界的橫水、桶崗、浰頭。他決定先易後難，繼續對福建漳南山區用兵，首先平滅以詹師富為首的「山賊」，解除後顧之憂，然

---

121 王守仁：《王陽明全集》，卷一六《選揀民兵》。
122 王守仁：《王陽明全集》，卷九《疏通鹽法疏》、卷一〇《議南贛商稅疏》、卷一一《再請疏通鹽法疏》。

後再進剿橫水等地的「山賊」。

平滅漳南山區的戰事從正德十二年正月開始，到三月底結束，前後持續了近三個月。「山賊」被殺二七〇〇餘人，俘虜一五〇〇餘人，落入山澗深谷喪生者不計其數，至少有三千多間房屋被官軍燒毀。另有四千多名「山賊」被招撫，安插復業。十年來令福建、廣東、江西三省官府晝夜不安的漳南山區「賊首」詹師富也在可塘洞被俘。

這是南贛汀漳巡撫設置以來從未有過的大勝仗，而且是在朝廷沒有發一兵一卒、沒有撥一文錢一粒米的情況下反敗為勝的。故王守仁在給朝廷的報捷疏中不無得意地說：

閩廣賊首詹師富、溫火燒等恃險從逆已將十年，黨惡聚徒，動以萬計。鼠狐得肆跳梁，蛇豕漸無紀極；劫剽焚驅，數郡遭其荼毒；轉輸徵調，三省為之騷然。臣等奉行誅剿，三月之內，遂克殲取渠魁。掃蕩巢穴，百姓解倒懸之苦，列郡獲再生之安。[123]

漳南鏖戰初戰告捷，王守仁開始在軍中建立起了威望。也就在平定漳南「山賊」的戰鬥中，王守仁進一步發現了官軍缺乏紀律、機動性差的弱點。因此，戰事一結束，便利用自己剛剛樹立起來的威望，進行軍隊改革。他以這次參加征討南漳的部隊為試點，對原有軍事編制加以調整：每二十五人編為一「伍」，每伍

123 王守仁：《王陽明全集》，卷九《閩廣捷音疏》。

設一「小甲」即伍長；兩個「伍」即五十人為一「隊」，每隊設一「總甲」即隊長；四隊即二百人為一「哨」，每哨設一「哨長」；兩哨即四百人為一「營」，每營設一「營官」及兩個「參謀」；三個營即一二○○人為一陣，每陣設有「偏將」；二陣即二四○○人為一軍，每軍設有副將。偏將、副將的設員根據需要而定。同時規定，副將可以罰偏將、偏將可以罰營官、營官可以罰哨長、哨長可以罰總甲、總甲可以罰小甲、小甲可以罰伍眾。這樣便可以「上下相維、大小相承，如身之使臂、臂之使指，舉動如一，治眾如寡」。而這個「身」，自然是全軍統帥王守仁自己。

為了使各部隊間相互熟悉，每「伍」還發有五塊木牌或竹牌，每五人一塊，牌上寫著同伍二十五人的姓名，以便聯絡，這牌叫做「伍符」。每一隊造兩對牌，編立字號，稱「隊符」，一塊由總甲保管，一塊藏於巡撫衙門。哨、營也分別設有「哨符」、「營符」。這些「營符」、「哨符」、「隊符」，實際上起著兵符的作用，既便於調動軍隊，又可以防止奸偽。遇有徵調，巡撫衙門發出符牌，各隊、哨、營合符之後，立即執行。

有了初戰告捷的本錢，王守仁也開始向朝廷要求更大的權力。他向朝廷報告說，南漳之「賊」既平，接下來就要進攻比南漳之「賊」勢力更大、更不易對付的橫水、桶崗、涮頭之「賊」。而平定這些「山賊」，實際上有兩種辦法。一種是傳統兵法所說的「十圍五攻」的辦法，即眼下有兩萬名「山賊」，朝廷可調集十萬人馬，包括邊軍和「狼兵」，進行圍剿。不過這樣每天得耗費軍餉上千兩，還要用七十萬民夫運送給養，從調集部隊

到發起進攻，要費一年時間，「狼兵」和邊軍所過之地，百姓得承受騷擾和掠奪之苦，至於「山賊」能否真正平滅，尚在兩可之間。另一種辦法，是「假臣等以賞罰重權，使得便宜行事，期於成功，不限以時」。只要朝廷給我充分的自主權和賞罰權，不要急於求成，不要動輒掣肘，這樣，我可以根據時機的成熟與否，剿撫結合、相機而動，朝廷沒有興師動眾、糜兵費餉之累，百姓也沒有運糧運草、橫遭劫難之苦。兩種辦法孰優孰劣，自然不言而喻。

由於在這一問題上內閣和兵部的意見一致，所以在王守仁上疏之後的三個月，朝廷新的委任書就下到了贛州。兵部的委任書照錄了皇帝的「御批」：「王守仁著領提督南、贛、汀、漳等處軍務，換敕與他。欽此。」話很簡單，卻很關鍵。明朝中期以後的巡撫雖說是一省的最高軍政長官，但只有明確了「提督軍務」，才能真正調動軍隊。由內閣起草的敕諭對這一新委任作了具體說明：

江西南安、贛州地方，與福建汀、漳二府，廣東南（雄）、韶（州）、潮（州）、惠（州）四府，及湖廣郴州桂陽縣，壤地相接，山嶺相連，其間盜賊不時生發，東追則西竄，南捕則北奔。蓋因地分各省，事無統屬，彼此推調，難為處置。先年嘗設有都御史一員，巡撫前項地方，就令督剿盜賊。但責任不專，類多因循苟且，不能申明賞罰以勵人心，致令盜賊滋多，地方受禍。今因所奏及該部覆奏事理，特改命爾提督軍務，撫安軍民，修理城池，禁革奸弊。一應軍馬錢糧事宜，俱便宜區畫，以足軍

餉。但有盜賊生發，即便設法調兵剿殺，不許踵襲舊弊，招撫矇蔽，重為民患。其管領兵快人等官員，不問文職武職，若在軍前違期並逗留退縮者，俱聽軍法從事。生擒盜賊，鞫問明白，亦聽就行斬首示眾。**124**

根據原來南贛汀漳巡撫的委任，軍馬錢糧事宜，小則自行區畫，大則奏請定奪；遇有「賊」情，「嚴督」各官剿捕；犒賞懲罰，只能「量加」進行。如今一兼提督軍務，則軍馬錢糧事宜，無論大小，「俱便宜區畫」；遇有「賊」情，則可「調兵剿殺」；特別是無論文官武將，有不聽號令者，「俱聽軍法從事」。兵部還發下了八副旗牌，以壯其軍威。

在向朝廷討價還價的同時，王守仁加緊了對盤踞在南贛地區「山賊」的用兵部署。

南贛「山賊」，主要有三大股：橫水、桶崗、浰頭。橫水、桶崗位於江西西南部上猶、南康、大余之間的大山之中，流民結成了近百股武裝勢力。其中勢力最大的是橫水謝志珊和桶崗藍天鳳，都已建號稱王。浰頭有上、中、下之分，又稱「三浰」，位於廣東龍川、河源二縣北部與江西龍南縣的交界地區，也是廣東本省及江西流民的集聚地。和橫水、桶崗情況相似，浰頭的流民也先是占耕田地，繼而武裝集結，與官府為敵。從弘治末開始，二十年來，浰頭成為廣東、江西、福建三省動亂的淵藪。浰頭流

---

124 王守仁：《王陽明全集》，卷九《攻治盜賊二策疏》。

民中最著名的首領池仲容自稱為王，至於自稱為元帥、總兵、都督、將軍者不計其數。官府認為，在江西、廣東、福建三省的「山賊」中，浰頭「山賊」是最難對付的。

王守仁仔細分析了當時的形勢，採取了明令攻桶崗，暗中取橫水的進兵計劃。正德十二年十月，王守仁祕密調動部隊，向橫水進兵。橫水一破，左溪也隨之瓦解。謝志珊等人藉著地形熟悉，向桶崗逃竄。官軍乘勝追擊，摧毀了五十多處流民居住點，殺死和俘虜「山賊」及家屬共四千多人。接著桶崗被官軍攻破。先後有三十多個流民居住點被摧毀，三四〇〇多流民被殺、被俘。藍天鳳、謝志珊等流民首領也盡被俘虜。

橫水、桶崗蕩平之後，剩下的就是浰頭「山賊」了。正德十二年歲末，首領池仲容在王守仁的震懾利誘和部眾的勸說下，與九十三位首領一齊來到贛州城。王守仁於正德十三年正月初三趁夜在祥符宮中對池仲容等人進行暗殺處置。正月初七日，王守仁親自指揮早已在龍南等地集結的官軍直撲上、中、下三浰。雖然主要首領幾乎全部遇難，但浰頭的流民仍然進行了拚死抗擊。到正德十三年四月，隨著浰頭「山賊」的被平滅，整個南、贛、汀、漳、潮、惠、韶地區大抵上平靜了。[125]

從官軍的繳獲當中，王守仁也看到了這些所謂「山賊」的真實生活狀況。平漳南後，雖然福建方面的戰報說「奪獲牛馬贓伏無算」，卻並無具體的數字；而有「戰利品」數字的廣東方面的

---

125 王守仁：《王陽明全集》，卷一〇《換救謝恩疏》。

戰報,在「擒斬賊犯」一二五八名、「俘獲賊屬」九二二名的同時,僅奪得水牛、黃牛及馬一三九頭(匹)、衣布等物二一五七件匹、葛蕉紗九十六點一斤、「贓銀」三十二點四八兩、銅錢一四二文。[126]

　　面對這些赤貧如洗的「山賊」,王守仁應也有憐憫之心。但作為朝廷命官,特別是負有「撫治」地方治安職責的巡撫都御史,他又得對他們大開殺戒。同時他也明白,只要官軍認真去「剿滅」,「山賊」是不難對付的。問題是旋滅旋生,因此,善後倒是更為重要的事情。

　　閩、粵、湘、贛四省交界地區的「山賊」,主要由兩種人員構成。一是當地的豪強或外地逃竄而來的慣犯,他們因各種原因與官府不合,鋌而走險,這是「山賊」中的核心及骨幹力量。二是流民,他們或來自福建、廣東的沿海及丘陵地區,或來自江西鄱陽湖及吉泰盆地,他們在人數上占「山賊」的絕大部分,因為不堪忍受原籍的賦稅徭役而「從賊」。另外,也有少量的本地土著居民。

　　在平滅南贛汀漳的「山賊」之後,王守仁根據「山賊」的不同情況作了區別對待。對於那些一心與官府為敵的「慣犯」,如詹師富、溫火燒、謝志珊、藍天鳳、池仲容等,請示朝廷,予以處決,乃至先殺而後奏。對於當地的土著居民,允許回原籍仍習舊業,並免除實際上已經無法徵收的欠賦。對於外地流民,稱之

126 王守仁:《王陽明全集》卷九《閩廣捷音疏》。

為「新民」，允許就地入籍。這種具有針對性的政策，對於從內部瓦解「山賊」的鬥志、安撫「從賊」人員，起了重要作用。但要使這一地區長時期得以安定，還必須強化管理。措施就是中國歷代統治者常用的辦法，即平「賊」之後在該地設縣立府以行控制。[127]

福建平和、江西崇義、廣東和平三縣的設置，加強了明政府對贛、閩、粵、湘接壤地區的統治。此後隆慶三年設定南縣，萬曆四年設長寧縣，實際上沿襲的都是這種化「盜區」為「政區」的思路和方法，使這一地區的無政府狀態得到一定的改變。[128]

「破心中賊」

從正德十二年正月至十三年六月，王守仁到南贛僅一年半的時間，便剿滅了為患幾十年的「巨寇」，他也因此由正四品都察院僉都御史升為正三品右副都御史。

早在正德十三年正月之前，王守仁就提出了「破山中賊易，破心中賊難」的觀點。在襲擊浰頭之前，他給弟子的信中曾寫道：「即日已抵龍南，明日入巢，四路兵皆已如期並進，賊有必破之勢。某向在橫水，嘗寄書仕德（即楊驥）云：『破山中賊易，破心中賊難。』區區翦除鼠竊，何足為異。若諸賢掃蕩心腹

---

127 詳見本書第二章第二節。
128 參考唐立宗：《在「盜區」與「政區」之間──明代閩粵贛湘交界的秩序變動與地方行政演化》，臺灣大學出版委員會二〇〇二年版，黃志繁：《「賊」「民」之間：12-18世紀贛南地域社會》第三章第三節，三聯書店二〇〇六年版。

之寇，以收廓清之功，此誠大丈夫不世之偉績。」[129]在王守仁看來，破「山中賊」不過是舉手之勞，而破「心中賊」、掃蕩人們心中的私慾惡念，那才是大丈夫的不世偉業。如今「山中賊」已破，王守仁開始著手破「心中賊」了。

王守仁一直認為，南贛地區的「山賊」為患，根本原因在於民風不善，在於民眾缺乏應有的禮制約束，法制觀念淡薄。因此，要徹底清除山中的「賊」，就必須清除心中的「賊」。主要措施是戒奢靡、立鄉約、興社學、行教化。

正德十三年四月，王守仁剛從涮頭回到贛州，便開始了他的「教化」工作。在這方面，王守仁做廬陵知縣時已積累了不少經驗。他親自草就了一份告諭，發到南安、贛州等府，讓各府衙門照式翻印，要求各縣根據十家牌，發放到城鄉，即使是窮山僻壤，也務必要家喻戶曉。告諭不用雕飾，開門見山便說：「告諭百姓，風俗不美，亂所由興。今民窮苦已甚，而又競為淫侈，豈不重自困乏？夫民習染既久，亦難一旦盡變，吾姑就其易改者，漸次誨爾。」王守仁認為，風俗的不善，是禍亂的開端。百姓久為「山賊」所擾，本已窮困，卻又有奢侈浪費的惡習。多年積蓄的錢財，往往做一次喜事或喪事就全部耗盡，甚至負債纍纍。豐年也難以度日，一旦遇上天災人禍，只有流離失所，或者上山為「賊」。但移惡習猶如治重病，必須先易後難，循序漸進。王守仁開列了他認為容易革除的一些惡習，要求管轄範圍之內的百姓

---

129 王守仁：《王陽明全集》，卷四《與楊仕德薛尚謙書》。

必須共同遵守：

第一，家中有喪事，不許用鼓樂，不許請和尚道士做道場，不許大肆請客。子女應在父母在世時多行孝道，不應在死後空費錢財。

第二，婚姻嫁娶，不得計較財禮嫁妝，不得大會賓客。

第三，親戚鄰里之間，平日當誠心相待，不得徒事虛文，以過年過節及辦喜慶喪事等名義，請客送禮，相互攀比。

第四，家中若有病人，應及時求醫問藥，不得聽信邪術，專事巫禱。

第五，城鎮鄉村的迎神賽會，參加者動輒成百上千，既浪費錢財，又易引起宗族間的械鬥，必須停止。

五項規定的核心在於禁止浪費、提倡節儉。

王守仁仍然是藉助他的十家牌法來進行強制。他在「告諭」中警告說：以前本地有奢侈浪費的惡習，不能全怪百姓，各級官員也有教導不明的責任。如今政府大力提倡節儉，再有不聽政府勸導而違反上述禁約者，責任就在百姓自己了。他要求「十家牌鄰互相糾察，容隱不舉正者，十家均罪」[130]。

在倡導節儉的基礎上，王守仁進行全面的社會改革，即推行著名的《南贛鄉約》[131]。《南贛鄉約》一共有十五條，主要內容

---

130 王守仁：《王陽明全集》，卷一六《告諭》、《仰南安、贛州印行告諭牌》。

131 王守仁：《王陽明全集》，卷一七《南贛鄉約》。

是：

一、以一村或一族為一「約」。每約推舉年高有道德、為眾人所敬服者一人為約長、二人為約副，推舉公直果斷者四人為約正，通達明察者四人為約史，精健廉幹者四人為知約，熟悉禮儀者二人為約贊。又設文簿三冊，一冊書寫同約居民的姓名及其每天的起居作習情況，另外二冊分別記錄善行和劣跡。

二、每約選擇當地較為寬大的一所寺觀為立約所，每月十五日，本約百姓應在立約所聚會一次。聚會日，先由約長帶領人們讀鄉約，要求孝敬父母、尊重兄長、教訓子弟、和睦鄉里、死喪相助、患難相恤、善相勸勉、惡相告戒、息訟罷爭、講究信譽，「務為良善之民，共成仁厚之俗」。然後由約史宣告當月為善為惡者的事蹟，為善者褒獎，為惡者勸戒，如屢有過惡而不改者，則執送官府，處之以法。

三、本約如有人陷於危難，約長當會同本約之人幫助排危解難；如有人逃役逃稅，約長也應勸說如期服役、納稅；鄉鄰之間因財產或其他事情發生爭執，不得鬥毆，應聽從約長秉公處置；如有勾結「山賊」者，約長應與本約之人進行勸告，使其改惡從善，如不聽勸告，即行執送到官，或報官府拘捕。

四、土著居民和「新民」即外來流民之間，不得再因過去的恩怨而相互尋仇，約長有責任時常曉諭，防患於未然；本地大戶及過境商人放債收息，必須依照常規，不得用高利貸坑害鄉民，如有貧苦不能償債者，約長應勸其放寬時日，不得過於逼迫，致使貧民為盜。

五、辦理父母的喪葬，應量力而行，不得大肆鋪張；如有不

聽勸告而揮霍浪費者，即在本約糾過簿內記以「不孝」。婚姻嫁娶，都應及時，約長應時時查視，不得因財禮或嫁妝不足而延期。

六、凡有府州縣吏員及義民、總甲、里老、百長、弓兵、機快人等下鄉騷擾百姓、索求財物者，約長可率本約之民將其械送官府追究。

《南贛鄉約》是王守仁在原十家牌法的基礎上推行的又一社會改革措施。如果說十家牌法是通過民眾之間的相互監督進行管理，那麼鄉約則是通過民眾的自治，以達到社會的穩定。這種辦法其實與明初推行的申明、旌善亭與鄉飲酒禮十分相似，也可以說是這幾個措施的結合和改造。

但是，無論是十家牌法還是南贛鄉約，都帶有一定的強制性，它可以在一定程度上起到移風易俗的作用，但不能從根本上樹立起道德觀念。要使人們從內心自覺地接受禮制的規範，仍得依靠興辦學校，進行有系統的傳統道德教育。因此，王守仁又在南安、贛州大力倡導和督促恢復社學，並興建書院，希望通過教化的作用在南贛建立起新的秩序。

四　明後期江西的農民與奴僕起義

經過正德時期大規模的流民動盪之後，雖然仍有小規模的民變發生[132]，但江西社會從整體上說，進入到一個相對穩定時期。

---

132 如萬曆二年（1574 年），江西寧州李大鑾、楊青山據守大幽山、金雞

到崇禎時期，受李自成、張獻忠起義的影響，江西也陸續發生了多起情況各異的民變。

崇禎十年，都昌、萍鄉發生了小股農民起義。十一年，鉛山張普微倡「無為教」，聚眾起義，攻弋陽、貴溪，計劃經上清入建昌，未果。崇禎十六年，張獻忠軍進攻萍鄉，明朝知縣棄城而逃，「萍鄉士民牛酒遠迎」[133]。此後分宜、萬載、袁州相繼為平民軍隊攻下。袁州士民在大門上貼「順天救民」字樣，表示歡慶。十月，另一支大西軍從長沙攻入吉安，明軍潰散，文武官僚逃走，盧陵、吉水、永新、安福、泰和諸縣同日發報，改吉安府為新安府、盧陵縣為順民縣。峽江縣民聞訊，先自拘捕知縣，準備迎接大西農民軍。[134]

贛西山區是棚民集聚地，崇禎十六年，福建「棚長」丘仰寰、朱益吾及本地盧南陽等人聚眾數千，結寨於萬載、寧州交界的天井窩，攻打縣城，隊伍發展到萬餘人，並配合大西軍攻下袁州。不久，明將左良玉遣副總兵吳學禮率兵奪袁州。城破後，丘仰寰等二四○○人被殺。左良玉的官軍所到之處，淫殺俘掠，袁州、臨江、吉安三府人民遭受極大災難，紛紛藏進山谷，「所在屯結，以拒官軍」[135]。據《袁州府志》記載，官軍在宜春縣搜殺

橋等處。萬曆五年，巡撫江西都御史潘季馴遣把總鄧子龍等五路官兵剿殺，李大鑾等被擒。明政府遂於銅鼓石營駐兵，立守備等官司，鎮壓地方（雍正《江西通志》卷四《山川一》）。

133 光緒《江西通志》卷九六《武功二》。
134 計六奇·《明季北略》卷十九，《呂大器複江西郡縣條》。
135 談遷：《國榷》，卷九九；光緒《江西通志》卷九六《武功二》。

百姓，有「一兵而索貫數十人頭者，入某居任其炮烙淫殺」。且「左兵淫殺，百倍於寇。宜春化北鄉林田石洞，深邃廣闊，居民避入洞內，兵以火薰之，死者八百餘人」[136]。

同年十二月，大西軍攻占建昌府、撫州府及南豐縣。不久，張獻忠揮師入川，湖南、江西恢復明朝統治秩序，大西政權官員和起義農民又再遭殺戮。盧陵縣吳侯，是大西政權任命的龍泉知縣，他本是一個「性狂不羈，能詩、古文」的文人，在明政權下「骯髒自憐」，未得任用。張獻忠開科取士，吳侯考中進士，列三甲，授知縣。在龍泉任上不到半月，被居家御史郭維經等鄉紳捕獲，受審時「從容慷慨，顏色不變，所書供狀千餘言，皆四六駢語，琅琅可誦」[137]。

全國性的農民大起義也激發了處在社會底層的佃農和奴僕求得人身自由的願望。

定南楊細徠是明末較早利用宗教形式發動民眾的奴僕。楊細徠本為「定南何氏家奴」，因不堪壓迫而在外流亡數載。崇禎十六年，他回到定南，自稱「遇師指引，今當彌勒下界」，預言將要「天翻地覆」，有「銅風鐵雨」落下，只有加入密教才能免遭卻難。據地方誌記載：「（細徠）因是煽惑男婦以千萬計，立教堂於定南縣樟田，密約從教者俱於本年六月初一日齊赴龍華會。一時愚民哄動，有棄其父母妻子產業而不顧者。至晚，細徠密諭

---

136 康熙《袁州府志》卷二十《遺事》。
137 民國《吉安縣誌》卷四八《叢志・逸事下》。

腹徒，各選精丁，授以兵具，詭云：至下歷司，踏勝地舉刃疾呼，其城自崩。至（下歷）司試其術，不驗。營兵發炮，傷數人，眾悉奔潰。」結果楊細徠被俘殺。**138**楊細徠所為，是僻遠山區的「家奴」借明王朝即將覆滅的風雲，反抗奴主壓迫的體現。

隆武元年（即順治二年，1645）九月，石城佃農吳萬乾領導佃農，組織「田兵」，提出廢「桶面」**139**。鬥爭發動起來之後，進一步提出減少租額，一石止納七八斗；又提出永佃權的要求，即佃種權利長期歸佃農。石城佃農的鬥爭，和寧都、瑞金以及福建寧化縣農民的鬥爭互相聯絡，組織成「集賢會」，並六次攻打石城縣城。順治三年，清兵攻占了石城；四年，田兵在幾千名清兵進攻下失敗，吳萬乾退往汀州，被擒殺**140**。

瑞金縣佃農在河志源、沈士昌、範文貞等人領導下，效法吳萬乾：「倡立田兵，旗幟號色皆書『八鄉均佃』。均之云者，欲三分田主之田，而以一分為佃人耕田之本；其所耕之田，田主有易姓而佃夫無易人，永為世業。」**141**如此具體明白的永佃權內容，是佃戶反抗地主所有制的生動反映。田兵們湧進縣城，「逼縣官印均田帖以數萬計」，南明的官員不得不責令糧戶（田主）與佃戶立盟，「捐額租，除年節等項舊例，糧戶不敢出一言，唯

---

138 康熙《龍南縣誌》卷一一《紀事》。
139 按．石城「舊例，每租一石，收耗一斗，名為桶面。」順治《石城縣誌》卷八《紀事》。
140 道光《寧都州志》卷一四《武事志》。
141 乾隆《瑞金縣誌》卷七《上督府田賊始末》。

唯而已」[142]。並且「豎碑縣門，勒以為例」。順治四年，清朝知縣徐珩請兵於省、府，「破其山寨，戮五六千人[143]。」

在明朝地方統治已經瓦解的時期，吉安地區的佃僕再次舉起「剷平」的旗幟，向豪紳地主發起進攻。同治《永新縣誌》記載：「初，甲申（1644）、乙酉（1645）間，吉州一大變也。蒼頭蜂起，佃甲、斯役群不逞者從之。封牛屠家聚會，睢盱跳樑。每材千百人，各有渠魁，裂裳為旗，銷鋤為刃，皆僭號剷平王，謂鏟主僕、貴財、貧富而平之也。諸佃各襲主人衣冠，入高門，分據其宅，發倉廩散之。縛其主於柱，加鞭笞焉。每群飲，則命主跪而酌酒，批其頰數之曰：『均人也，奈何以奴呼我？今而後得反之也。』此風濫觴於安福、廬陵，其後乃浸淫及永新。」[144]吉安府既是「文人賢士固多」之地，又是經濟文化相對發達但人口對土地壓力也十分嚴重的地區，因而也是階級矛盾異常尖銳的地區，一有風吹草動，佃農家奴也就蜂起反抗。

---

142 乾隆《瑞金縣誌》卷七《上督府田賊始末》。
143 道光《寧都州志》卷十四《武事志》。
144 同治《永新縣誌》卷十五《武事志》。

江西文庫 A0701A21

江西通史：明代卷　第一冊

主　　編	鍾啟煌
作　　者	方志遠、謝宏維
責任編輯	楊家瑜

發 行 人	陳滿銘
總 經 理	梁錦興
總 編 輯	陳滿銘
副總編輯	張晏瑞
編 輯 所	萬卷樓圖書股份有限公司
排　　版	菩薩蠻數位文化有限公司
印　　刷	百通科技股份有限公司
封面設計	菩薩蠻數位文化有限公司

出　　版　昌明文化有限公司

桃園市龜山區中原街 32 號

電話　(02)23216565

發　　行　萬卷樓圖書股份有限公司

臺北市羅斯福路二段 41 號 6 樓之 3

電話　(02)23216565

傳真　(02)23218698

電郵　SERVICE@WANJUAN.COM.TW

大陸經銷　廈門外圖臺灣書店有限公司

　　電郵　JKB188@188.COM

ISBN 978-986-496-190-0

2018 年 1 月初版

定價：新臺幣 320 元

如何購買本書：

1. 轉帳購書，請透過以下帳戶

　　合作金庫銀行　古亭分行

　　戶名：萬卷樓圖書股份有限公司

　　帳號：0877717092596

2. 網路購書，請透過萬卷樓網站

　　網址　WWW.WANJUAN.COM.TW

大量購書，請直接聯繫我們，將有專人為您

服務。客服：(02)23216565 分機 610

如有缺頁、破損或裝訂錯誤，請寄回更換

版權所有·翻印必究

Copyright©2016 by WanJuanLou Books CO., Ltd.

All Right Reserved　　　　**Printed in Taiwan**

國家圖書館出版品預行編目資料

江西通史 明代卷 / 鍾啟煌主編.-- 初版.--

桃園市：昌明文化出版；臺北市：萬卷樓

發行, 2018.01

　　冊；　公分

ISBN 978-986-496-190-0(第一冊：平裝).--

1.歷史 2.江西省

672.41　　　　　　　　　　　107001900

本著作物經廈門墨客知識產權代理有限公司代理，由江西人民出版社授權萬卷樓圖書
股份有限公司出版、發行中文繁體字版版權。

本書為金門大學華語文學系產學合作成果。　　　校對：陳裕萱／華語文學系二年級